Hugo Falkenheim

Die Entstehung der Kantischen Ästhetik

Hugo Falkenheim

Die Entstehung der Kantischen Ästhetik

ISBN/EAN: 9783744624169

Hergestellt in Europa, USA, Kanada, Australien, Japan

Cover: Foto ©Thomas Meinert / pixelio.de

Weitere Bücher finden Sie auf **www.hansebooks.com**

Die Entstehung der kantischen Ästhetik.

INAUGURAL-DISSERTATION

zur

Erlangung der Doctorwürde

bei der

philosophischen Fakultät

der

UNIVERSITÄT HEIDELBERG,

eingereicht

von

HUGO FALKENHEIM.

BERLIN.
Verlag von Speyer & Peters
Buchhandlung für Universitäts-Wissenschaften.
1890.

Die Entstehung der kantischen Ästhetik.

—

INAUGURAL-DISSERTATION

zur

Erlangung der Doctorwürde

bei der

philosophischen Fakultät

der

UNIVERSITÄT HEIDELBERG.

eingereicht

von

HUGO FALKENHEIM.

BERLIN.
Verlag von Speyer & Peters
Buchhandlung für Universitäts-Wissenschaften.
1890.

Meinen teuren Eltern

gewidmet.

Inhalt.

Einleitung: Seite
  Die kantische Ästhetik als Gegenstand entwicklungsgeschichtlicher
  Betrachtung . . . . , ... 1
A. Kant's ästhetischer Standpunkt in der vorkritischen Periode: Die
   Schrift vom Schönen und Erhabenen 4
   I. Die Ablehnung der Metaphysik 5
   II. Der Einfluſs Rousseau's und Shaftesbury's 6
   III. Der empirisch-psychologische Charakter der „Beobachtungen" . 7
   IV. Die Ausführung der einzelnen Themata 10
B. Die Kritik der reinen Vernunft als Grundlage für die Kritik der
   Urteilskraft.
   I. Der Bruch mit der dogmatischen Ästhetik.
      1. Das negative Urteil am Eingange der Vernunftkritik . . . 13
      2. Die synthetischen Urteile a priori als Kriterium der Wissen-
         schaft 14
      3. Die Unmöglichkeit der rationalistischen Ästhetik 15
      4. Die Unmöglichkeit der sensualistischen Ästhetik 17
      5. Die Möglichkeit einer kritischen Ästhetik 18
   II. Die Begründung neuer Urteile a priori durch die Lehre von den
       regulativen Prinzipien.
      1. Die Entdeckung der Ideen 20
      2. Die Ideen als regulative Prinzipien 22
      3. Die Gesetze der Homogeneität, Spezifikation und Kontinuität 24
      4. Die Mittelstellung der drei Naturgesetze zwischen theore-
         tischer und praktischer Vernunft 26
   III. Die Einschränkung der Ideen auf das Gebiet der praktischen
        Vernunft.
      1. Der intelligible Charakter als Weltprinzip 28
      2. Die Exemplifizierung der transscendentalen Freiheit durch
         die menschliche Freiheit 30
      3. Die Zweiteilung des Systems in Natur- und Sittenlehre . 31

	Seite

C. Die Voraussetzungen für die Ästhetik in der Moralphilosophie.
    I. Die Einführung des Zweckbegriffs: das Sittengesetz als Endzweck 32
    II. Die Realität der Freiheit 35
    III. Die Unterordnung der Natur unter die Freiheit durch den Primat der praktischen Vernunft 37
    IV. Die Sittenlehre als Entwicklungssystem.
        1. Die Erfüllung der Vernunftzwecke in der Geschichte der Menschheit 39
        2. Der Mechanismus der natürlichen Neigungen im Dienste der Freiheit 40

D. Das teleologische Problem.
    I. Die vorbereitenden Betrachtungen.
        1. Die Verwerfung des Hyolozoismus 44
        2. Die Beurteilung der organischen Körper vor der Vernunftkritik 45
        3. Die Schrift über die Racen aus dem Jahre 1785 47
        4. Die Formulierung des Themas in der Polemik gegen Forster 48
    II. Das Problem der Teleologie.
        1. Äußere Zeugnisse zur Entstehung der Kritik der Urteilskraft 52
        2. Die Vereinigung von Natur und Freiheit 54
        3. Die reflektierende Urteilskraft und das Prinzip der natürlichen Zweckmäfsigkeit 56
        4. Die Grundzüge des Systems der Teleologie 58

E. Die Unterscheidung der Ästhetik von der Teleologie und ihre Einfügung in das Vernunftsystem 60

Schlufs 64

Einleitung:
Die kantische Ästhetik als Gegenstand entwicklungsgeschichtlicher Betrachtung.

„Wahre Philosophie ist es, die Verschiedenheit und Mannigfaltigkeit einer Sache durch alle Zeiten zu verfolgen": mit diesen Worten seiner „physischen Geographie" hat Kant das Ziel aller entwicklungsgeschichtlichen Betrachtung, als deren Begründer die Wissenschaft ihn selber verehrt, treffend gekennzeichnet. In ihnen ist zugleich die Aufgabe ausgesprochen, welche die Untersuchung seiner eigenen philosophischen Schöpfungen sich zu stellen hat. Denn die Entwicklung, als deren Denkmäler seine Werke dastehen, bleibt an Tiefe und Vielseitigkeit hinter keiner anderen auf irgend einem Gebiete geistigen Schaffens oder natürlichen Geschehens zurück. Das Werden der kritischen Philosophie ist nur zu verstehen, wenn man dieselbe in ihrem innersten Wesen als die stetig fortschreitende Lösung der Probleme auffaßt, die aus jedem einmal gewonnenen Ergebnisse immer von neuem hervorgehen.

Unter den Forschungen Kant's nehmen nun die ästhetischen in Ansehung eines Umstandes eine ganz eigentümliche Stellung ein. Von allen übrigen Untersuchungen, die wir der kantischen Philosophie verdanken, legen zahlreiche Schriften Zeugnis ab: wie mannigfaltig die Ansichten sein mögen, zu denen Kant auf den verschiedenen Stufen seines Entwicklungsganges gelangte: das Eine haben sie gemeinsam, daß jede Wandlung und jedes neue Resultat in litterarischen Dokumenten niedergelegt ist, aus denen wir unmittelbar ein Bild von der geistigen Arbeit des Philosophen gewinnen können. So ist es in der Erkenntnislehre, so ist es in der Moralphilosophie; so aber ist es nicht in der Ästhetik. Aus dem halben Jahrhundert, innerhalb dessen Kant's litterarisches Schaffen verläuft, aus den Jahren 1746—1798 existiren nur zwei Schriften von ihm über ästhetische Fragen; die erste — die „Beobachtungen über das Gefühl des Schönen und Erhabenen" — fällt in seine vorkritische Periode, die zweite — die „Kritik der Urteilskraft" — giebt ein System der Ästhetik auf kritischer Grundlage und bildet den vollendenden Abschluſs des gesamten Kriticismus. Zwischen ihnen fehlt, wenn wir das verneinende Urteil am Eingange der Vernunftkritik ausnehmen, jede direkte Andeutung, die uns über das Verhältnis des Philosophen zu den ästhetischen Problemen Belehrung gewähren könnte.

Danach könnte es scheinen, als sei eine Erörterung über die Entstehung der kantischen Ästhetik lediglich auf Vermutungen angewiesen. So aber liegt die Sache nicht. Einerseits nämlich geht schon aus dem Umstande, daſs die Kritik der Urteilskraft das Werk der kritischen Philosophie beschlieſst, die weitere Thatsache hervor, daſs die Ästhetik rücksichtlich ihrer Entstehung den ganzen früheren Gang der kritischen Forschungen zur Voraussetzung hat; andererseits besitzen wir in den beiden Einleitungen, die Kant zu seinem letzten Hauptwerke verfaſste, sichere Zeugnisse seiner Entwicklung. In ihnen sind alle die Marksteine des bisher zurückgelegten Weges hervorgehoben, auf welche die kritische Ästhetik sich stützt. Sie erteilen der letzteren als Aufgabe die Lösung des Problems zu, in welcher Weise Freiheit und Natur, die beiden von der Vernunftkritik schroff geschiedenen Welten, mit einander vereinigt werden können, ohne daſs diese Vereinigung den kritischen Resultaten widerstreitet. Die Einführung des transscendentalen Prinzips der natürlichen Zweckmäſsigkeit giebt hierauf die Antwort; mit ihr geschieht die Grundlegung der kritischen Ästhetik.

Diese Fassung des ästhetischen Problems zeichnet uns den Weg vor, den wir bei der Untersuchung unseres Themas zu gehen haben. Die Frage nach der Entstehung der kritischen Ästhetik verwandelt sich in die andere nach dem Verhältnis, in welches während des Verlaufs der kritischen Forschungen Natur und Freiheit zu einander treten, bevor ihre Vereinigung in der Ästhetik stattfinden kann. Und da nehmen wir wahr, daſs die kritische Philosophie seit der transscendentalen Dialektik unablässig von dem Bestreben geleitet wird, die Natur der Freiheit unterzuordnen, den Zweckbegriff auf allen Gebieten des empirischen Daseins zur Geltung zu bringen. Von den regulativen Ideen führt ein gerader Weg durch die Sittenlehre zur Teleologie und Ästhetik, ein Weg, dessen einzelne Stadien durch ebenso viele Versuche, die Machtsphäre der Freiheit möglichst zu erweitern, bezeichnet werden. Diesen Weg durchmessen heifst die Entstehung der kantischen Ästhetik schildern. Um den neuen Weg einzuschlagen, mufste Kant erst den alten Pfad der sensualistischen Ästhetik verlassen. Daraus ergiebt sich uns die zwiefache Aufgabe, ehe wir in die Darstellung der positiven Voraussetzungen der kantischen Ästhetik eintreten, erst seinen vorkritischen Standpunkt hinsichtlich der ästhetischen Fragen zu kennzeichnen, sodann die Gründe für seinen Bruch mit der dogmatischen Ästhetik darzulegen.

In der Hauptsache geht die Entwicklung der kantischen Ideen Hand in Hand mit der chronologischen Reihenfolge, in welcher die Schriften vor die Öffentlichkeit treten. Doch müssen wir von diesem Sachverhalt in einer Beziehung sogleich eine Ausnahme feststellen. Die „Kritik der praktischen Vernunft" dachte sich Kant als die Grundlage, auf der die „Metaphysik der Sitten" sich als systematisches Gebäude erheben sollte. Nun drängte sich ihm aber bald nach Vollendung des ersteren Werkes das Problem der Teleologie auf; die Ausführung desselben erschien ihm offenbar dringender, als die Darstellung seines Systems der Moral, und so kam es, dafs die „Kritik der Urteilskraft" bereits 1790 erschien, während der Philosoph sich mit der Vollendung der „Metaphysik der Sitten" bis zum Jahre 1797 Zeit liefs. Trotzdem unterliegt es keinem Zweifel, dafs die Grundzüge der letzteren bereits in der „Kritik der praktischen Vernunft" angelegt sind. Unsere Darstellung mufs daher die Sittenlehre nebst allen zu ihr gehörigen kleineren Schriften als ein Ganzes betrachten, das in der inneren Geschichte des Kriticismus der Teleologie vorausgeht.

Noch ein Wort sei mir über die litterarischen Hülfsmittel meiner Arbeit verstattet. Die vornehmlichste Quelle waren natürlich die Originalwerke Kant's: meine Citate folgen durchweg der — auf dem Prinzip der chronologischen Ordnung aufgebauten — zweiten Ausgabe von Hartenstein (Leipzig, 1867—68). Eine spezielle Untersuchung über das von mir gewählte Thema existiert nicht; wo ich einschlägige Schriften benutzt habe, sind dieselben an den betreffenden Stellen citiert. Bei dem Charakter meiner

Arbeit mufsten mir jedoch Gesamtdarstellungen der kantischen Philosophie am wichtigsten und förderlichsten sein; und hier habe ich vor allem der dahin gehörigen Werke von Kuno Fischer zu gedenken, des dritten und vierten Bandes der „Geschichte der neuern Philosophie" (3. Auflage, München 1882) sowie der „Kritik der kantischen Philosophie" (München 1883). Wie ich diesen Schriften meines hochverehrten Lehrers meine durchgängige Auffassung der kantischen Lehre verdanke, so haben sie mir auch die Anregung zu der vorliegenden Arbeit gegeben, so sind sie für mich die Grundlage geblieben, an der ich jedes meiner Resultate zu prüfen und zu berichtigen gesucht habe. Es ist mir eine ehrenvolle Pflicht, meine Aufgabe dahin zu charakterisieren, dafs ich bestrebt war, Anschauungen, mit denen Fischer's Werke mich erfüllt hatten, an der Hand der kantischen Schriften zu befestigen und unter dem Gesichtspunkte darzustellen, den der Titel meiner Arbeit angiebt.

A. Kant's ästhetischer Standpunkt in der vorkritischen Periode: Die Schrift vom Schönen und Erhabenen.

Diejenige Schrift, in der sich Kant zum ersten Male mit ästhetischen Fragen befafste, die „Beobachtungen über das Gefühl des Schönen und Erhabenen", stammt aus dem Jahre 1764. Um die Stellung zu bestimmen, die sie in dem Entwicklungsgange des Philosophen einnimmt, ist es nötig, die allgemeine philosophische Richtung ins Auge zu fassen, zu der Kant in jenem Jahre gelangt war. Drei Quellen sind es, aus deren Vereinigung der damalige Standpunkt Kant's sich ergiebt; die eine enthält das negative, die beiden anderen die positiven Elemente desselben. Das negative Element wird bezeichnet durch die Abwendung von der rationalistischen Metaphysik; die positiven stammen von Rousseau und den englischen Moralphilosophen, besonders Shaftesbury. So charakterisieren sich die Beobachtungen chronologisch als die erste produktive Kundgebung jener empiristischen Periode in der Ausbildung der kantischen Ideen, die der rationalistischen folgte und der kritischen vorherging.

I. Die Ablehnung der Metaphysik.

Die Abwendung Kant's von dem Rationalismus der leibnizisch-wolfischen Schule zum Empirismus trat zwar in dieser Schrift zum ersten Male als vollendete Thatsache auf; aber sie war erst das Gesamtresultat einer längeren Reihe von Einzelergebnissen, welche die seit 1762 vorhergegangenen Forschungen Schritt für Schritt gewonnen hatten. Noch in seiner Habilitationsschrift, der nova dilucidatio, hielt Kant an dem fundamentalen Prinzip der dogmatischen Metaphysik fest, wonach die Erkenntnis der Dinge durch logische Zergliederung der Begriffe, durch klares und deutliches Denken erreicht wird. Dieser Glaube wird erschüttert, sobald der Philosoph zu der Entdeckung gelangt, daſs logischer Grund und Realgrund nicht identisch, daher Logik und Metaphysik von einander zu trennen sind. Den Durchbruch in dieser Richtung bezeichnet die Schrift über die falsche Spitzfindigkeit der vier syllogistischen Figuren, die 1762 erschien.[1]) Kurz darauf folgte der Versuch, den Begriff der negativen Gröſsen in die Weltweisheit einzuführen, der sich auf die Einsicht in den Unterschied von logischer und realer Entgegensetzung stützte; die weiterhin aufgeworfene Frage: „Wie soll ich es verstehen, daſs, weil etwas ist, etwas anderes sei?" führte zu der — mit Hume übereinstimmenden — negativen Erkenntnis, daſs der Realgrund niemals ein logischer Grund sein und demgemäſs begrifflich nicht aufgelöst werden könne.

Im Zusammenhange mit diesen Untersuchungen begab sich Kant an die Prüfung der rationalen Theologie und führte in seiner Schrift „Der einzig mögliche Beweisgrund zu einer Demonstration für das Dasein Gottes" unter anderem den Nachweis, daſs durch eine noch so genaue Analyse eines Begriffes in diesem niemals das Merkmal der Existenz zu finden sei, daſs daher der ontologische Beweis auf der Verwechslung des logischen Seins mit dem wirklichen Sein beruhe, welches letztere wir nur durch Erfahrung festzustellen vermögen. Die Preisschrift schlieſslich, die er unter dem Titel „Untersuchung über die Deutlichkeit der Grundsätze der natürlichen Theologie und der Moral" noch 1763

---

[1]) Vgl. Fischer, Gesch. d. neuern Philos., III. S. 187 flg.; dort ist auch die Reihenfolge der oben erwähnten Schriften aus inneren und äuſseren Gründen nachgewiesen.

verfafste, vollendet den Bruch mit der rationalistischen Metaphysik, indem sie durch die Unterscheidung von synthetischer und analytischer Methode zu der Folgerung geführt wird, dafs es in der Philosophie eine Reihe ursprünglicher und unerweislicher Sätze gebe, die nur durch Auflösung der Erfahrungsbegriffe zu entdecken seien. Diese Methode wendet Kant sofort auf die Bestimmung der Prinzipien der natürlichen Theologie und Moral an; er findet, dafs dem guten Handeln ein moralisches Gefühl zu Grunde liege, welches als solches ein originales Vermögen der menschlichen Natur sei, durchaus selbständig und darum auch von der Erkenntnis vollkommen unabhängig.

II. Der Einflufs Rousseau's und Shaftesbury's.

So war es die Abwendung von der rationalistischen Metaphysik, die ihn die Aufgabe der Philosophie in der Feststellung der elementaren Bedingungen suchen liefs, welche das Wesen der menschlichen Natur ausmachen. Hier aber mufste der Mann gewaltig auf ihn wirken, von dessen Bedeutung er selbst rühmte: „Rousseau entdeckte zu allererst unter der Mannigfaltigkeit der menschlichen angenommenen Gestalten die tief verborgene Natur des Menschen und das versteckte Gesetz, nach welchem die Vorsehung durch seine Beobachtungen gerechtfertigt wird.[1] Nicht den praktischen Folgerungen, die Rousseau aus seinen Theorieen zog, stimmte Kant zu; wohl aber ergriff ihn die hinreifsende Begeisterung, mit welcher der genfer Philosoph das Evangelium von der ursprünglichen Reinheit und dem sittlichen Werte der menschlichen Natur verkündete. Diese Lehre befestigte in ihm endgültig eine Überzeugung, der seine eigene philosophische Entwicklung immer mehr zugestrebt hatte.

Das Geheimnis der mächtigen Wirkung, die Rousseau auf seine Zeit ausübte, lag mehr in seiner Persönlichkeit und in der Art seines Auftretens, als in dem eigentlich philosophischen Gehalte seiner Lehren. Der letztere war vielmehr von den englischen Philosophen, die aus der Schule Locke's hervorgingen, bereits vor ihm systematisch durchgearbeitet worden. Den einen der Hauptvertreter dieser Richtung, Hutcheson, macht Kant in seiner Preisschrift ausdrücklich namhaft.[2] In der „Nachricht

---

[1] Fragmente; Kant's sämtl. Werke, VIII. S. 630.
[2] Werke, II. S. 308.

von der Einrichtung seiner Vorlesungen in dem Winterhalbjahre von 1765—66", die in die bisherige Entwicklung des Philosophen einen klaren Einblick gewährt, läfst er neben Hutcheson auch Shaftesbury eine lobende Erwähnung zu Teil werden¹) und deutet die Übereinstimmung an, die in der Moralphilosophie zwischen ihren Lehren und seinen neu gewonnenen Einsichten obwalte. Demgemäfs gehen die Anschauungen, die den „Beobachtungen" zu Grunde liegen, soweit es sich um formulierte moralische und ästhetische Prinzipien handelt, in erster Reihe auf Shaftesbury zurück, der in seinen Werken die Verbindung des moralischen Gefühls mit dem ästhetischen vollzogen und beide zu einer ästhetischen Moral verschmolzen hatte. Für ihn stand das moralische Gefühl nicht selbständig neben dem ästhetischen, sondern galt als eine Art desselben, die mit ihm — als Schönheit der Seele — unmittelbar verknüpft war.²) In der Natur des Menschen, der gleichzeitig ein einzelnes Individuum und ein Glied der Gesamtheit ist, streitet der Egoismus mit dem Wohlwollen, die Selbstliebe mit der Menschenliebe. Die Vereinigung beider soll darin bestehen, dafs sie zu einander in das richtige Verhältnis treten und so ein sittliches Mafs hervorbringen, dessen Anblick unwillkürlich den Eindruck des Schönen hervorruft. Auf diese Weise entsteht aus der richtigen Proportion unserer Grundtriebe jene Harmonie, die sich als sittliche Anmut und Grazie äufsert. Moralisch empfinden heifst schön empfinden, moralisch handeln heifst schön handeln: es ist der Geschmack, auf den das moralische Urteil zurückgeführt wird. So ist es z. B.³) das sittliche Gefühl des Dichters, das die poetische Wahrheit in der Darstellung eines Charakters hervorbringt; für ihn kommt es darauf an, das Schöne in den Empfindungen, das Erhabene in den Charakteren aufzufassen und darzustellen.

III. Der empirisch-psychologische Charakter der „Beobachtungen".

Die Grundzüge, die wir bei Rousseau und den Engländern angetroffen haben, sind in den „Beobachtungen" deutlich nachweis-

---
¹) Ebenda. S. 319.
²) Vgl. Fischer. Francis Bacon und seine Nachfolger. 2. Aufl., S. 691; Gesch. d. n. Philos., III, S. 231. Robert Zimmermann, Geschichte der Ästhetik. S. 275 flg.
³) Vgl. v. Stein, Entstehung der neueren Ästhetik, S. 179.

bar; ja, sie kehren zum Teil in ganz ähnlicher Formulierung wieder. „Die Grundsätze (der wahren Tugend) sind nicht spekulativische Regeln, sondern das Bewufstsein eines Gefühls, das in jedem menschlichen Busen lebt. Ich glaube, ich fasse alles zusammen, wenn ich sage: es sei das Gefühl für die Schönheit und Würde der menschlichen Natur. Das erstere ist ein Grund der allgemeinen Wohlgewogenheit, das zweite der allgemeinen Achtung... Nur indem man einer so erweiterten Neigung seine besonderen unterordnet, können unsere gütigen Triebe proportionirt angewandt werden, und den edlen Anstand zuwege bringen, der die Schönheit der Tugend ist."[1]) Diese Sätze, die das Grundthema der Schrift enthalten, zeigen in ihrem ersten Teile eine unverkennbare Übereinstimmung mit Rousseau, in ihrem gesamten Inhalt eine direkte Anlehnung an die Lehren Schaftesbury's.

Bereits in der Preisschrift waren gelegentlich das Schöne und das Erhabene als solche Begriffe erwähnt worden, die man nicht weiter ableiten könne und daher den ursprünglichen Erfahrungsbegriffen zurechnen müsse.[2]) Für Kant handelt es sich jetzt darum, die Arten des Schönen und Erhabenen zu klassifizieren und auf Temparamente, Geschlechter und Nationaleigentümlichkeiten anzuwenden. Ihm ist es nicht um eine erschöpfende systematische Darstellung zu thun, sondern um eine anmutig dahingleitende essayistische Plauderei, die in leichtem Flusse von einem Punkte zum andern springt und ihre Ergebnisse weniger durch Begriffe als durch Beispiele, weniger durch eingehende Untersuchungen als durch aphoristische Bemerkungen einleuchtend zu machen sucht. Die näheren Umstände der Entstehung begünstigten diese Art der Darstellung; der Essay ist nicht im Studierzimmer zu Königsberg geschrieben, sondern bei Gelegenheit eines Ferienaufenthaltes (auf dem Gute Moditten beim Oberförster Wobser) frisch und geistreich hingeworfen.

Gleich am Anfange seiner Erörterungen erklärt Kant den Titel der Schrift dahin, dafs er sein Thema mehr mit dem Auge des Beobachters als mit dem des Philosophen betrachte. Das Gefühl des Schönen und Erhabenen wird von vornherein definiert als ein Gefühl, das eine Reizbarkeit der Seele voraussetze, die

---

[1]) Werke. II. S. 239.
[2]) Ebenda. S. 285.

diese zugleich zu tugendhaften Regungen geschickt mache. Sodann wird der sensualistische Charakter des Entwurfes betont in der Bemerkung, dafs derselbe nicht die auf hohe Verstandeseinsichten gerichteten Neigungen und Empfindungen, sondern „nur das sinnliche Gefühl berühren wird, dessen auch gemeine Seelen fähig sind".[1]) Damit der Anblick eines Gebirges in gehöriger Stärke wirken könne, müssen wir ein Gefühl des Erhabenen in uns tragen; um eine Aussicht auf blumenreiche Wiesen zu geniefsen, ein eben solches Gefühl des Schönen; das Erhabene rührt, das Schöne reizt — alle diese Bestimmungen sind, wie man sieht, aus der Erfahrung geschöpft, sie schildern die Wirkung der äufseren Gegenstände auf das menschliche Gefühl. Öfters wird eingeschärft, dafs die ästhetischen Objekte nur so betrachtet werden, „wie sie unserem sinnlichen Gefühl einleuchten, ohne durch Vernunft geprüft zu sein".[2]) Ebenso wiederholt Kant an verschiedenen Stellen, dafs die Zuverlässigkeit seiner Angaben nur so weit reiche, wie seine Beobachtungen; was er in seiner Charakteristik der Völkerschaften sagt, darf auf den Gesamtinhalt seiner Ausführungen ausgedehnt werden: „Man kann leicht erachten, dafs von dergleichen Zeichnungen nur eine leidliche Richtigkeit könne verlangt werden."[3]) Auch die Ausdrucksweise ist mit Vorsicht vielfach so gewählt, dafs die unbedingte Gültigkeit der Sätze zweifelhaft gelassen wird; in diesem Sinne bemerkt der Verfasser ein anderes Mal über den Geschmack der Menschen, dafs derselbe, wie ein Proteus, stets wandelbare Gestalten annehme.

Prinzipiell gefafst, ist also der vorkritische Standpunkt Kants in der Ästhetik durch zwei Hauptpunkte charakterisiert. Der eine betrifft das Verhältnis der Ästhetik zur Moral; die letztere wird als Abart der ersten betrachtet und dieser untergeordnet. Als zweites, wesentlichstes Merkmal ist der durchaus empiristische Charakter der „Beobachtungen" zu betonen. Die Regeln über Schönheit und Sittlichkeit werden aus einem natürlichen Triebe abgeleitet, aus einem Gefühle, das als solches zwar universell und allen Menschen gemeinsam, aber in der spezifischen Art seiner Äufserung völlig subjektiv und individuell ist. Daher

---

[1]) Werke. II. S. 230.
[2]) Ebenda. S. 234. Vgl. auch S. 248: „Es kommt nicht so sehr darauf an, was der Verstand entscheide, sondern was das Gefühl empfinde."
[3]) Ebenda. S. 267.

fällt die Aufstellung dieser Regeln der empirischen Psychologie als Aufgabe zu.

In seiner späteren kritischen Periode schreibt Kant einmal: „Wäre das Gefühl der Achtung pathologisch und also ein auf dem inneren Sinne gegründetes Gefühl der Lust, so würde es vergeblich sein, eine Verbindung desselben mit irgend einer Idee a priori zu entdecken." [1]) Es leuchtet ein, daſs er hier auf die Ansicht der englischen Moralisten anspielt, der er selbst ehedem in seinen Beobachtungen sich angeschlossen hatte: seine eigenen Worte bestätigen also als hervorragendstes Kennzeichen dieses früheren Standpunktes, daſs derselbe das sittliche Gefühl durch die Erfahrung entdecken läſst und die Grundsätze der Moral aus diesem a posteriori gefundenen Gefühle abstrahiert.

IV. Die Ausführung der einzelnen Themata.

Es bleibt noch übrig, uns in kurzen Zügen die Art und Weise zu vergegenwärtigen, wie Kant die ästhetischen Gefühle zu der Charakteristik der Temperamente, Geschlechter und Nationen in Beziehung bringt.

Auf die Klassifizierung der einzelnen Arten des Schönen und Erhabenen folgt zunächst eine längere Erörterung über die Frage, wie die einzelnen Temperamente sich zu den ästhetischen Gefühlen verhalten, wie die „feineren Empfindungen" [2]) mit dem einen oder dem anderen Temperamente vereinigt zu sein pflegen. Am wenigsten empfänglich für schöne und erhabene Vorstellungen ist der Phlegmatiker: dagegen stimmt die melancholische Gemütsverfassung am meisten mit den Grundsätzen echter Tugend und Menschenwürde überein. Eine feine Reizbarkeit des Herzens, die je nach Anlaſs leicht mit rührenden Eindrücken sich verbindet, zeichnet das sanguinische Temperament aus. Das Merkmal der cholerischen Gemütsart besteht in einem stark ausgebildeten Ehr-

---

[1]) Kritik der praktischen Vernunft; Werke, V. S. 84.
[2]) Bei dieser Gelegenheit sei angemerkt, daſs Kant in seiner kritischen Ästhetik gleichzeitig mit dem sensualistischen Standpunkt auch die frühere Ausdrucksweise verwirft: „Die Modalität (= Notwendigkeit) hebt sie [die ästhetischen Urteile] aus der empirischen Psychologie, in welcher sie sonst unter den Gefühlen des Vergnügens und Schmerzens (nur mit dem nichtssagenden Beiwort eines feineren Gefühls) begraben bleiben würden." Werke, V. S. 274 (in der „Analytik des Erhabenen").

gefühl, das im allgemeinen mehr auf den äuſseren Schimmer als auf wahre Tugend abzielt. Der Melancholiker hat das Gefühl für das Erhabene; die Schönheit muſs ihn nicht allein reizen, sondern auch rühren und zur Bewunderung zwingen; dabei verfällt er oft ins Abenteuerliche und gerät in Gefahr, ein Phantast oder Grillenfänger zu werden. Das Gefühl für das Schöne eignet vorzugsweise dem Sanguiniker, dem es auf fröhlichen Genuſs ankommt; doch ist es bei ihm leicht der Entartung ins Läppische ausgesetzt. Den Choleriker beherrscht das Gefühl für das Prächtige, das dem Urteile der Welt imponiert: die Übertreibung desselben macht ihn häufig zum Narren und Prahler.

Auf die beiden Geschlechter verteilen sich die ästhetischen Eigenschaften so, daſs den Frauen das Charakteristikum des Schönen, den Männern das des Erhabenen zukommt: das weibliche Geschlecht besitzt den schönen Verstand, das männliche den tiefen. Die Weltweisheit der Frauen ist nicht Vernünfteln, sondern Empfinden; ihre Tugend ist die schöne Tugend, die das Böse vermeidet, nicht weil es unrecht, sondern weil es häſslich ist. Den Mangel an Grundsätzen ersetzen sie durch das feine Gefühl für Anstand und Gefälligkeit; darum sind viele ihrer Schwachheiten schöne Fehler, besonders die Eitelkeit, welcher der berechtigte Zweck zu Grunde liegt, die Reize zu beleben und dadurch den Männern zu gefallen: sie wird erst häſslich, wenn sie, den Reiz aufhebend und den Geschlechtscharakter verunstaltend, als Aufgeblasenheit zu Tage tritt. Der Zauber, den das schöne Geschlecht auf die Männer ausübt, beruht auf dem Geschlechtstriebe, vermöge dessen der gröſste Teil der Menschen die groſse Ordnung der Natur auf eine sehr einfältige und sichere Art befolgt. Weicht die Schönheit der Frau dem Alter, so sollen allmälig die erhabenen und edlen Eigenschaften die Stelle der schönen einnehmen und die erweiterte Einsicht die erledigte Stelle der Grazien durch die Musen besetzen. In der Absicht der Natur liegt es, den Mann durch den Geschlechtstrieb noch mehr zu veredeln, die Frau noch mehr zu verschönern; es ist wider die Natur, wenn die Männer Weiblichkeit annehmen, um zu gefallen, und die Frauen Männlichkeit künsteln, um Hochachtung einzuflöſsen — „was man wider den Dank der Natur macht, das macht man jederzeit sehr schlecht." [1]) Die Eigenschaften beider Geschlechter

---

[1]) Werke. II, S. 265.

vereinigen sich in der Ehe, die durch den Verstand des Mannes und den Geschmack der Frau regiert werden soll.

Untersucht man das Verhältnis der Nationalcharaktere zu den ästhetischen Gefühlen, so findet man, dafs die Italiener und Franzosen für das Schöne, die Deutschen, Engländer und Spanier für das Erhabene empfänglich sind. Der Spanier hat mehr Gefühl für grofse, als für schöne Handlungen. Der Franzose ist artig, höflich und gefällig, weiblichen Einflüssen in hohem Grade zugänglich. Der Italiener nimmt eine Mittelstellung zwischen beiden ein, insofern er mehr Gefühl für das Schöne als der Spanier, mehr für das Erhabene als der Franzose besitzt. Der Engländer hat wenig Neigung zu kleinen Gefälligkeiten, ist aber in der Freundschaft zu grofsen Dienstleistungen aufgelegt; um das Urteil der Welt kümmert er sich ebensowenig, wie er den Geschmack anderer nachahmt. Der Deutsche zeigt eine glückliche Mischung von Erhabenem und Schönem, er besitzt gefälligere Formen als der Engländer, jedoch nicht so angenehme Lebhaftigkeit wie der Franzose; vor Titel und Rang hat er allzu grofsen Respekt, nach dem Urteile der Leute fragt er übermäfsig viel, so dafs seine eigene Originalität nicht genügend zum Ausdruck kommt. In der Geschichte sind die alten Griechen und Römer diejenigen Völker gewesen, die in Leben und Kunst das echte Gefühl für das Schöne und Erhabene am hervorragendsten vertreten haben. Zur Zeit der römischen Kaiser trat das Prächtige an die Stelle der schönen Einfalt; das Mittelalter führte mit dem gotischen Stil einen verkehrten Geschmack ein, der das Gefühl der Menschen nachteilig beeinflufste. Erst die Renaissance begann die Empfindung für wahre Kunst von neuem zu erwecken. Die Aufgabe der Gegenwart sei es — so schliefst Kant —, den richtigen Geschmack für das Schöne und Edle wiederherzustellen; dazu bedürfe es einer Erziehung, die das sittliche Gefühl des Kindes frühzeitig von der Neigung für flüchtige und müfsige Vergnügungen ablenke und zu thätiger Empfindung erhöhe.

B. Die Kritik der reinen Vernunft als Grundlage für die Kritik der Urteilskraft.

I. Der Bruch mit der dogmatischen Ästhetik.

1. Das negative Urteil am Eingange der Vernunftkritik.

Die vorkritische Periode vergeht, ohne dafs Kant in seinen Schriften den ästhetischen Problemen von neuem näher tritt; die Untersuchungen, die ihn in den Jahren 1764—1769 beschäftigten, waren wesentlich anderer Art. Aus der Zeit des werdenden Kriticismus, also aus den Jahren 1770—1781, besitzen wir nur eine einzige Äufserung, in der auf Ästhetik Bezug genommen wird. Ungefähr ein Jahr nach dem Erscheinen der Inauguraldissertation „de mundi sensibilis atque intelligibilis forma et principiis", in einem Briefe an Marcus Herz vom 7. Juni 1771,[1]) berichtet Kant, er sei damit beschäftigt, „ein Werk, welches unter dem Titel: die Grenzen der Sinnlichkeit und der Vernunft, das Verhältnis der für die Sinnenwelt bestimmten Grundbegriffe und Gesetze zusamt dem Entwurf dessen, was die Natur der Geschmackslehre, Metaphysik und Moral ausmacht, enthalten soll, etwas ausführlich auszuarbeiten".

Rücksichtlich der Geschmackslehre ändert sich jedoch die Meinung des Philosophen im Laufe der zehn Jahre, die zwischen diesem Briefe und der Herausgabe seines kritischen Grundwerkes liegen. In der „Kritik der reinen Vernunft" widmet er der Ästhetik eine kurze Betrachtung, diesmal aber zu dem Zwecke, um dieselbe als Wissenschaft gänzlich abzuweisen. Jetzt versteht er unter Ästhetik nicht mehr „das, was andere Kritik des Geschmacks heifsen", sondern die Lehre von der Sinnlichkeit, und zwar nennt er den ersten grundlegenden Abschnitt seines Werkes „transscendentale Ästhetik", weil es von den Prinzipien der Sinnlichkeit a priori handelt.[2]) Den früheren Versuchen — so führt er zur Rechtfertigung des neuen Sprachgebrauches mit einer Wendung gegen den rationalistischen Ästhetiker Baumgarten aus — liege eine verfehlte Hoffnung zu Grunde, die kritische Beur-

---

[1]) Werke. VIII. S. 686.
[2]) Transscendentale Ästhetik, § 1. Werke, III, S. 56 flg.

teilung des Schönen unter Vernunftprinzipien zu bringen. „Allein diese Bemühung ist vergeblich, denn gedachte Regeln oder Kriterien sind ihren vornehmsten Quellen nach blofs empirisch und können also niemals zu bestimmten Gesetzen a priori dienen, wonach sich unser Geschmacksurteil richten müfste, vielmehr macht das letztere den eigentlichen Probierstein der Richtigkeit des ersten aus."

Dieses negative Urteil tritt, wie man sieht, zwar unvermittelt auf, aber darum keineswegs unbegründet: vielmehr ist es in hohem Grade geeignet, gleich am Anfange der kritischen Untersuchungen einen Begriff davon zu geben, wie weit die Wirksamkeit der neu entdeckten Prinzipien sich erstreckt. Eine Vergleichung der kantischen Anschauungen mit den leibnizischen, auf welche letztere Baumgarten's Lehre sich stützt, sowie mit denen der englischen Ästhetiker wird einleuchtend machen, nicht nur wie Kant zum Bruche mit den bisherigen ästhetischen Theorieen kommen mufste, sondern zugleich warum er vorläufig einer Ästhetik als Wissenschaft überhaupt die Existenzberechtigung absprach.

2. Die synthetischen Urteile a priori als Kriterium der Wissenschaft.

Kant giebt in den einleitenden Erörterungen seiner Vernunftkritik auf die Frage: „Was ist Erkenntnis?" die Antwort, dafs alle wahre Erkenntnis in synthetischen Urteilen a priori bestehe, d. h. in solchen Urteilen, die einem Begriffe ein Merkmal hinzufügen, das in diesem selbst nicht anzutreffen ist, und zwar mit dem Anspruch auf eine allgemeine und notwendige Geltung, die der Bestätigung durch die Erfahrung nicht bedarf. Nur diejenigen Wissenschaften, die derartige Urteile enthalten, können im strengen Sinne als Wissenschaften anerkannt werden. Wenn also das negative Urteil der bisherigen Ästhetik den wissenschaftlichen Charakter abspricht, so will es damit sagen, dafs dieselbe keine synthetischen Urteile a priori besitzt, die im kritischen Sinne als solche gelten können. Hiermit ist zwar kurz formuliert und als Thatsache hingestellt, dafs die vorkritische Ästhetik keine wissenschaftliche Geltung in Anspruch nehmen kann, aber noch nicht erklärt, auf welchen Gründen diese Unmöglichkeit beruht, welches die falschen Voraussetzungen sind, die bei Baumgarten und den Engländern stattfinden und den wissenschaftlichen Wert ihrer Lehren vereiteln. Diese Voraussetzungen darthun heifst das negative Urteil begründen.

3. **Die Unmöglichkeit der rationalistischen Ästhetik.**

Nach Leibniz bilden die Dinge vermöge der zweckthätigen Kraft, die in ihnen wirkt, eine harmonische Ordnung. Diese Ordnung stellt der menschliche Geist vor, und zwar schreitet er in seiner Vorstellung der Dinge von der niedrigsten Stufe bis zur höchsten fort, d. h. von der dunklen sinnlichen Wahrnehmung bis zur deutlichen logischen Erkenntnis. Auf dem so bezeichneten Wege der Entwicklung erreicht er eine Stufe, in der die Vorstellungen sich bereits über die rein sinnliche Wahrnehmung erhoben haben, ohne jedoch die begriffliche Deutlichkeit zu erreichen. In diesem Zustande fühlt der Geist dunkel die Harmonie der Dinge; dies dunkle Gefühl ist das ästhetische Gefühl, diese dunkle Vorstellung die ästhetische Vorstellung.

In Übereinstimmung mit diesen Sätzen von Leibniz erklärt nun Baumgarten die Ästhetik für eine Vorbereitungswissenschaft der Philosophie, deren Thema in der Vollkommenheit der sinnlichen Erkenntnis besteht; die Ästhetik hat es mit der Wahrheit zu thun, soweit dieselbe dem beschränkten Vermögen der sinnlichen Wahrnehmung zugänglich ist. Erhebt sich die sinnliche Wahrnehmung im Laufe ihrer Entwicklung zum verstandesmäfsigen Begreifen, so ist die ästhetische Vorstellung überwunden, und an ihre Stelle tritt die logische Erkenntnis.[1]) Ästhetik und Logik verhalten sich also wie das Gefühl zur Einsicht, wie die dunkle Ahnung zur deutlichen Vorstellung, wie die Sinnlichkeit zum Verstande. Das Schönheitsgefühl und das Erkenntnisvermögen sind von einander verschieden nicht als Kräfte des menschlichen Gemüts, die neben einander bestehen, sondern als Grade der Erkenntnis, von denen der niedere durch den höheren aufgehoben werden kann.

Wir brauchen nicht lange zu suchen, um die Kluft zu entdecken, welche den Kriticismus von diesen Anschauungen scheidet. Die Gründe, mit denen Kant in den Kapiteln „von dem Grunde der Unterscheidung aller Gegenstände überhaupt in Phänomena und Noumena", „von der Amphibolie der Reflexionsbegriffe" und

---

[1]) Vgl. Fischer, Leibniz und seine Schule, 2. Aufl., S. 568 flg. Zimmermann, a. a. O., S. 157 flg.

zuletzt noch in der „Geschichte der reinen Vernunft"¹) die Monadologie bekämpft hat, behalten auch gegenüber der Lehre Baumgarten's ihr volles Gewicht. Da springt sofort der Gegensatz ins Auge, in dem der transscendentale Idealismus zu jeder Philosophie sich befindet, welche die Dinge als an sich gegeben voraussetzt. Bei Leibniz wie bei Baumgarten sind Erscheinungen und Dinge an sich das gleiche Objekt, dessen Verschiedenheit sich nur aus dem Wesen der menschlichen Erkenntnis erklärt, aus der Reihe der Stufen, welche die Erkenntnis in ihrer Entwicklung zu durchlaufen hat. Die Sinnlichkeit nimmt den Gegenstand, wie er uns erscheint, so dafs „Erscheinung und Schein für einerlei"²) angesehen werden: der Verstand nimmt die Dinge, wie sie sind, so dafs Ding an sich und Wahrheit als identisch gelten. Bei Kant dagegen können die Dinge an sich überhaupt nicht erkannt werden; die Gegenstände, die wir allein erkennen, sind in Raum und Zeit geordnete Eindrücke, und die so geordneten Eindrücke, deren übersinnliches Substrat das Ding an sich ist, heifsen Erscheinungen; infolgedessen sind die Erscheinungen durchaus subjektiv.

Mit dieser Lehre von der Phänomenalität der Sinnenwelt, zu der Kant durch die Einsicht in die transscendentale Idealität von Raum und Zeit gelangt war, hängt genau die Art und Weise zusammen, wie er im Gegensatze zu Baumgarten Sinnlichkeit und Verstand unterscheidet. Baumgarten hielt dieselben für verschiedene Grade der Vorstellung: jeder von beiden war für sich allein im Stande, eine Erkenntnis der Objekte hervorzubringen, nur dafs der Verstand klar, die Sinnlichkeit unklar erkannte. Bei Kant dagegen sind Sinnlichkeit und Verstand zwei gleichberechtigt neben einander bestehende Vermögen der menschlichen Vernunft, die stets zusammenwirken müssen, um Erkenntnis zu Stande zu bringen; sie sind nicht graduell, sondern prinzipiell unterschieden. Die Sinnlichkeit macht aus den Eindrücken Erscheinungen, der Verstand macht aus den Erscheinungen Erfahrung; Anschauungen ohne Begriffe sind blind, Begriffe ohne Anschauungen sind leer. Darum hat es für Kant gar keinen Sinn, wenn die ästhetische Vorstellung definiert wird als eine

---

¹) Kritik der reinen Vernunft, der transsc. Analytik zweites Buch, drittes Hauptst. und Anhang zu demselben; der transsc. Methodenlehre viertes Hauptst.
²) Prolegomena. § 32. Werke IV, S. 63.

solche, die in der Mitte zwischen Verstand und Sinnlichkeit, auf dem Wege von der sinnlichen Erkenntnis zur logischen ihren Platz haben soll. So viel steht von vornherein fest: ist das ästhetische Gefühl überhaupt ein Seelenvermögen, so kann es niemals als Vorstufe der logischen Vorstellung gelten, sondern mufs der letzteren auf die nämliche Weise koordiniert werden, wie dies im weiteren Fortgange der kritischen Untersuchungen mit dem Begehrungsvermögen geschieht.

Die Urteile, die aus dieser rationalistischen Ästhetik hervorgehen, nehmen zwar allgemeine und notwendige Geltung in Anspruch und müssen insofern als apriorisch anerkannt werden. Was ihnen aber fehlt, ist der synthetische Charakter; vielmehr kennzeichnen sie sich ausdrücklich als analytisch, indem sie ihre Objekte zergliedern und in denselben das Merkmal der Vollkommenheit antreffen, das auf einer gewissen Stufe der Erkenntnis als Schönheit empfunden wird. So können wir die Unmöglichkeit der Baumgarten'schen Lehre in der Formel zusammenfassen: sie enthält keine synthetischen Urteile a priori; denn ihre Sätze sind zwar a priori, aber nicht synthetisch, sondern analytisch. Damit ist ihr vom Standpunkte des Kriticismus das Urteil gesprochen. Wenn Kant daher in seiner Ablehnung der rationalistischen Ästhetik Baumgarten als „trefflichen Analysten" bezeichnet, so hat dieses Attribut eine tiefere Bedeutung als die eines blofsen epitheton ornans; es weist kurz und treffend auf den Grundmangel hin, der dem Systeme seines Vorgängers anhaftet und freilich zu dessen übrigen Fehlern in unverkennbarer Beziehung steht, aber schon für sich allein genügen würde, das negative Urteil zu erklären und zu rechtfertigen.

4. Die Unmöglichkeit der sensualistischen Ästhetik.

In seiner Erklärung hat Kant nur die eine — rationalistische — Seite der vorkritischen Ästhetik namhaft gemacht. Wir wissen aber bereits aus seinen „Beobachtungen über das Gefühl des Schönen und Erhabenen", dafs es noch eine zweite, sensualistische Richtung dieser Ästhetik gab, die er in dem negativen Urteil scheinbar vergessen hat. Doch enthalten die Schlufsworte des Urteils eine Andeutung, aus der Kant's Stellung zu den Engländern unzweideutig hervorgeht. Indem er nämlich rät, den Terminus „Ästhetik" teils in transscendentalem Sinne (als Lehre von der Sinnlichkeit), teils im psychologischen Sinne (als Lehre von der Schönheit) zu brauchen, stimmt er ausdrücklich der empiristischen Ansicht zu, welche die Gewinnung ästhetischer Urteile nur auf dem Wege der Beobachtung für möglich hält. Die Neuheit seines Standpunktes besteht jedoch darin, dafs er den auf blofser Erfahrung beruhenden Regeln keine wahrhaft wissenschaftliche Bedeutung zuerkennen will. „Erfahrungsbegriffe" — so sagt er später, als er eine kritische Ästhetik zu begründen unternimmt — „haben zwar ihren Boden in der Natur, als dem Inbegriffe aller Gegenstände der Sinne, aber kein Gebiet, sondern nur ihren Aufenthalt, weil sie zwar gesetzlich erzeugt werden, aber nicht gesetzgebend sind, sondern die auf sie gegründeten Regeln empirisch, mithin zufällig sind."[1]) Anders ausgedrückt: die sensualistische Ästhetik teilt mit der rationalistischen den Mangel an synthetischen Urteilen a priori. Sie läfst das ästhetische Urteil aus einem subjektiven Gefühl entspringen und bezieht dieses Urteil auf den Gegenstand, der das Gefühl veranlafst. Also sind ihre Sätze zwar synthetisch, aber nicht a priori, sondern a posteriori, da ihnen ein empirisches Datum zu Grunde liegt. Bei den Engländern kennzeichnet sich die Ästhetik dadurch, dafs sie synthetische Urteile a priori ebenso wenig enthält, wie die Gebiete der Erkenntnis und des Willens: bei Kant dagegen giebt es Wissenschaften, die synthetische Urteile a priori enthalten, und gerade der Umstand, dafs sie der Ästhetik fehlen, bezeichnet den Unterschied ihrer Theorieen von denen der Erkenntnis- und der Sittenlehre.

Als Kant später auch in der Ästhetik apriorische Prinzipien entdeckt und seine Kritik der Urteilskraft den Kritiken der reinen und der praktischen Vernunft ebenbürtig an die Seite gestellt hatte, mufste er naturgemäfs die englische Ästhetik aufs entschiedenste verwerfen. Wie er nunmehr seine ehemalige sensualistische Ansicht beurteilte, zeigen die Worte: „Der Geschmack ist jederzeit noch barbarisch, wenn er die Beimischung der Reize und Rührungen zum Wohlgefallen bedarf, ja wohl gar diese zum Mafsstabe seines Beifalls macht."[2])

5. Die Möglichkeit einer kritischen Ästhetik.

Wie die synthetischen Urteile a priori die negative Instanz bilden, an der die bisherigen ästhetischen Theorieen scheitern,

---

[1]) Kritik der Urteilskraft. Einleitung II; Werke. V, S. 180.
[2]) Kritik der Urteilskraft: Analytik des Schönen; Werke. V, S. 228.

so deuten sie zugleich die einzig mögliche Richtung an, die eine kritische Neubegründung der Ästhetik einschlagen mufs. Die Voraussetzung für eine solche ist vorhanden, sobald sich die Grundfrage des Kriticismus in Beziehung auf die Ästhetik erneuert, sobald mit Aussicht auf Erfolg gefragt wird: giebt es ein transscendentales Prinzip der menschlichen Vernunft, das sich zum Geschmack erhält, wie Raum und Zeit zur Anschauung, wie die reinen Verstandesbegriffe zum Erkennen, wie die moralischen Ideen zum Begehren? Wie die Erkenntnis nicht stattfinden kann ohne die Verstandesbegriffe, weil sie durch diese gemacht wird; wie das moralische Handeln unerklärbar wird, sobald das Vermögen der Freiheit wegfällt: so müfsten wir von einem kritischen Prinzip der Ästhetik urteilen können: hebt es auf, und die allgemeingültige ästhetische Vorstellungsart ist unmöglich, denn sie wird erst durch jenes Prinzip hervorgebracht. Dies ist der einzige Weg, der zum Ziele führen kann: „Es ist von Nutzen, zu Begriffen, welche man als empirische Prinzipien braucht, wenn man Ursache hat zu vermuten, dafs sie mit dem reinen Erkenntnisvermögen a priori in Verwandtschaft stehen, dieser Beziehung wegen, eine transscendentale Definition zu versuchen: nämlich durch reine Kategorien, sofern diese allein schon den Unterschied des vorliegenden Begriffs von anderen hinreichend angeben". [1])

Die beiden ersten Hauptabschnitte der Vernunftkritik, die transscendentale Ästhetik und Analytik, eröffnen eine derartige Aussicht nicht; sie bestimmen die Gesetze, nach denen unsere Erkenntnis der Sinnenwelt vor sich geht, und führen zu dem Ergebnisse, dafs wir in der Natur nur ein Geschehen nach Ursache und Wirkung erkennen können, ein fortwährendes Entstehen und Vergehen nach dem Gesetze der mechanischen Kausalität. Auf diese Weise können wir niemals zu der Feststellung gelangen, dafs ein Gegenstand notwendig und allgemein als schön, erhaben u. s. f. gedacht werden müsse; denn Schönheit, Erhabenheit und alle ästhetischen Eigenschaften sind ja Urteile nicht der Erkenntnis, sondern der Empfindung, und wie Gefühlen in irgend einem Sinne Apriorität zugesprochen werden kann, ist nach den bisherigen Forschungen der Vernunftkritik vorläufig nicht ersichtlich. Vielmehr wird gerade durch diese Erwägung klar, warum Kant die ästhetischen Untersuchungen der empirischen Psycho-

---

[1]) Kritik der Urteilskraft: Einleitung III; Werke, V, S. 183 Anmerkung

logie zugewiesen hat. Noch in der transscendentalen Methodenlehre heifst es hierüber: „Da dieses (das Gefühl) keine Vorstellungskraft der Dinge ist, sondern aufser der gesamten Erkenntniskraft liegt, so gehören die Elemente unserer Urteile, sofern sie sich auf Lust oder Unlust beziehen, mithin der praktischen, nicht in den Begriff der transscendentalen Philosophie, welche lediglich mit reinen Erkenntnissen a priori zu thun hat". [1]

Die einzige Möglichkeit, für eine kritische Ästhetik Anknüpfungspunkte zu finden, beruht also darauf, dafs neben den konstitutiven Grundsätzen des reinen Verstandes noch andere Prinzipien a priori entdeckt werden. Dies geschieht in der transscendentalen Dialektik; dieselbe stellt gewisse notwendige Aufgaben der menschlichen Vernunft fest, für welche eine neue Art von Grundsätzen erforderlich ist, die sie als „regulative" bezeichnet. Auf die Bedeutung und die Tragweite dieser neuen Prinzipien werden wir daher zunächst unser Augenmerk richten müssen: wir ergreifen die nächste Aufgabe in dem Sinne, wie Kant sie gefafst hat: „Der transscendentale Gebrauch der reinen Vernunft, ihre Prinzipien und Ideen sind es also, welche kennen zu lernen uns jetzt obliegt". [2]

II. Die Begründung neuer Urteile a priori durch die Lehre von den regulativen Prinzipien.

1. Die Entdeckung der Ideen.

Die grundlegenden Untersuchungen der Vernunftkritik haben gelehrt, dafs alle Erkenntnis zu Stande kommt durch die Funktion der reinen Formen der Sinnlichkeit, Raum und Zeit, und der des Verstandes, die Kategorieen; sie haben zugleich gezeigt, dafs diese reinen Formen nur auf Objekte der Erfahrung anwendbar sind und die letztere niemals überschreiten dürfen. Indem die transscendentale Ästhetik und Analytik die Möglichkeit der Erkenntnis begründen, schränken sie den Gebrauch derselben auf das Gebiet der empirischen Thatsachen ein und verweisen alle Metaphysik des Übersinnlichen in das Reich der Träume.

Die Unmöglichkeit einer Erkenntnis der Dinge an sich durch die Widerlegung der dogmatischen Metaphysik im Einzelnen zu

---

[1] Werke. III. S. 529.
[2] Ebenda. S. 260.

erweisen, ist die Aufgabe der transscendentalen Dialektik; da dieselbe somit den Zweck hat, den Kriticismus von einer neuen Seite her zu befestigen, so ist zunächst nicht abzusehen, wie sie eine Erweiterung der bisherigen Ergebnisse im Gefolge haben und die Vernunft über das ihr zugewiesene Feld der mechanischen Gesetzmäfsigkeit hinausführen soll. Aber sie hat nicht nur einen negativen, sondern auch einen positiven Teil. Kant begnügt sich nicht mit dem Nachweise, dafs die menschliche Vernunft ihre Grenzen überschreitet, sobald sie das Ding an sich für ein Objekt der Erkenntnis ansieht, sondern erleuchtet zugleich den trügerischen Weg, auf dem die alte Metaphysik zu ihren Fehlschlüssen gelangen mufste. Nachdem eben die Analytik ihre Arbeit mit der Zerstörung der Monadologie beschlossen hat, beginnt die Dialektik die ihrige mit der psychologischen Erklärung des „transscendentalen Scheins". [1])

Unter transscendentalem Schein versteht Kant das Irrlicht, das die Vernunft über die empirische Anwendung der Kategorieen fortlockt und „mit dem Blendwerk einer Erweiterung des reinen Verstandes hinhält". Der transscendentale Schein hört nicht auf, auch nachdem er aufgedeckt ist; er ist vielmehr eine unüberwindliche Illusion, die ihren Sitz in der menschlichen Vernunft selbst hat. Diese enthält ein Vermögen der Prinzipien,[2]) die sich auf die einzelnen empirischen Erkenntnisse des Verstandes richten und stets bestrebt sind, dieselben zu einer Einheit zusammenzufassen. Und zwar beruht die Vorstellung von der Möglichkeit, eine vollständige Einheit unserer Verstandeserkenntnisse zu erreichen, darauf, dafs die Vernunft, fortwährend von dem Bedingten zur Bedingung fortschreitend, sich der Hoffnung hingiebt, schliefslich zum Unbedingten vorzudringen; sie schliefst, dafs, wenn die ganze Reihe der Bedingungen gegeben sei, auch das Unbedingte gegeben sein müsse. Nun ist aber das Unbedingte niemals in der Erfahrung gegeben:[3]) der Verstand mag sich in

---

[1]) Werke. III. S. 244 flg. Vgl. Fischer, Gesch. d. neuern Philos., Band III. S. 423 flg.

[2]) Werke, III. S. 248.

[3]) Vgl. S. 264: „Die absolute Totalität ist kein in einer Erfahrung brauchbarer Begriff, weil keine Erfahrung unbedingt ist." S. 357: „In der Sinnlichkeit ist jede Bedingung, zu der wir in der Exposition gegebener Erscheinungen gelangen können, wiederum bedingt." S. 358: „Das Schlechthin-Unbedingte wird in der Erfahrung gar nicht angetroffen."

der Natur überall umthun, er wird nur Erscheinungen antreffen, die durch andere Erscheinungen bedingt sind. Das Unbedingte liegt jenseits aller Erfahrung, es fällt mit dem Ding an sich zusammen und ist mithin der Erkenntnis entzogen. Daraus folgt, dafs das Unbedingte ein apriorischer Vernunftbegriff ist, ein Ziel, das die Vernunft selbst unserer Erfahrung setzt, „worunter alle Erfahrung gehört, welches selbst aber niemals ein Gegenstand der Erfahrung ist". Solche Begriffe, die in der Vernunft ihren Ursprung haben, aber die Erfahrung übersteigen, heifsen Ideen: und zwar sind sie, da sie unabhängig von aller Erfahrung existieren, transscendentale Ideen: sie fordern, dafs zu einem gegebenen Bedingten die Totalität der Bedingungen, das schlechthin Unbedingte gesucht werde.[1])

In Folge dessen ist die Einheit, welche die Ideen fordern, nicht ein Gesetz, welches die Vernunft der Erfahrung vorschreibt, sondern nur ein „Kanon"[2]) für den Verstand, wodurch dieser in der Erkenntnis „besser und weiter" geleitet wird. Sucht die Erkenntnis diesen Gebrauch zu überschreiten und sieht, was in Wahrheit nur Idee ist und sein kann, als Erfahrungsobjekt an, glaubt sie das Unbedingte in der Reihe der empirisch gegebenen Bedingungen antreffen zu können, so verfällt sie dem transscendentalen Schein und wird Metaphysik des Übersinnlichen. Sie schliefst dann von etwas, das sie kennt, auf ein anderes, von dem sie keinen Begriff hat noch haben kann, von einer blofsen Idee auf die Realität dieser Idee; solche Schlüsse sind nicht vernünftig, sondern vernünftelnd oder dialektisch.[3])

2. Die Ideen als regulative Prinzipien.[4])

Die transscendentale Dialektik begiebt sich nun an ihre Aufgabe, die Trugschlüsse auf den Gebieten der rationalen Psychologie, Kosmologie und Theologie aufzuzeigen und zu widerlegen. Diesen Erörterungen, die den Kern des letzten Teiles der trans-

---

[1]) Ebenda, S. 262: „Da nun das Unbedingte allein die Totalität der Bedingungen möglich macht und umgekehrt die Totalität der Bedingungen jederzeit selbst unbedingt ist, so kann ein Vernunftbegriff überhaupt durch den Begriff des Unbedingten, sofern er einen Grund der Synthesis des Bedingten enthält, erklärt werden."
[2]) Ebenda, S. 266.
[3]) Ebenda, S. 272.
[4]) Werke. III. S. 135 flg. Vgl. Fischer, a. a. O., S. 514 flg.

scendentalen Elementarlehre ausmachen, ist aber noch ein „Anhang" beigegeben. Nachdem der falsche Gebrauch der Ideen dargethan und verurteilt ist, knüpft der Philosoph an seine einleitenden Betrachtungen wieder an und beantwortet definitiv die Frage, wie weit die richtige Anwendung der Ideen sich erstreckt und diese für die kritischen Untersuchungen sich fruchtbar erweisen können.

Wenn nämlich auch alle Versuche, die Grenzen der Erfahrung zu überschreiten, trügerisch und grundlos sind, so hat doch die Prüfung der Lehren der dogmatischen Metaphysik unleugbar bestätigt, daſs die Vernunft einem natürlichen Hange unterliegt. sich auf das Gebiet des Übersinnlichen zu begeben. Der Vernunft sind transscendentale Ideen ebenso natürlich, „wie dem Verstande die Kategorien";[1]) also sind nicht die Ideen als solche den Bedenken des Kriticismus unterworfen, sondern nur der Gebrauch. der von ihnen gemacht wird. Derselbe ist transscendent und unkritisch, sofern er sich auf die Gegenstände der Erfahrung richtet: er ist immanent und kritisch, wenn er sich auf den Verstand bezieht und das Mannigfaltige der Begriffe zu vereinigen sucht. Er kann Begriffe nicht schaffen, sondern nur ordnen; die Ideen sind demnach nicht konstitutiv, sondern regulativ, indem sie den Verstand auf ein Ziel hinlenken, das den Erfahrungsthatsachen „die gröſste Einheit neben der gröſsten Ausbreitung" verheiſst.

Der Name der „regulativen Ideen" tritt nicht erst in dem Anhange auf, sondern bereits innerhalb der transscendentalen Dialektik selbst, und zwar am Schlusse der Ausführungen über die Weltidee.[2]) Hier wird dargethan, daſs durch den kosmologischen Grundsatz niemals das Weltall als die Totalität der Bedingungen in der Sinnenwelt gegeben werden kann. Wohl aber ist diese Totalität uns aufgegeben: in dieser Berichtigung, welche die Erkenntnis zu einem steten Zurückgehen von den Wirkungen auf die Ursachen nötigt, behält die kosmologische Idee ihre Gültigkeit. Sie ist eine Regel für den Verstand, die nichts erklären, sondern etwas postulieren will. Und nun fährt Kant fort: „Daher nenne ich es ein regulatives Prinzip der Vernunft, da hingegen der Grundsatz der absoluten Totalität der Reihe der Bedingungen

---

[1]) Ebenda. S. 485.
[2]) Ebenda. S. 356 flg.

als ein Objekt (den Erscheinungen) an sich selbst gegeben, ein konstitutives Prinzip sein würde."[1]

3. Die Gesetze der Homogeneität, Spezifikation und Kontinuität.

Den so fixierten Gegensatz zwischen konstitutiven und regulativen Prinzipien nimmt der „Anhang" wieder auf: was er Neues hinzufügt, betrifft die spezielle Anwendung und Ausdehnung der regulativen Prinzipien, deren Entfaltung in der Form bestimmter Gesetze.

Wir können nämlich das Ziel der Vernunft so bezeichnen, dafs sie ein System der Erkenntnisse zu Stande zu bringen, ihren Zusammenhang aus einem Prinzip heraus zu begreifen strebt. Diese Vernunfteinheit nimmt als stillschweigende Voraussetzung ein Ganzes der Erkenntnis an, das den Teilen vorhergeht und die Bedingungen enthält, durch die jedem Teile sein Verhältnis zu den übrigen a priori bestimmt wird. Das letzte Ziel der Vernunft besteht hiernach in einer vollständigen Einheit, kraft welcher die Ergebnisse unserer Erfahrung nicht mehr ein zufälliges Aggregat, sondern ein logisch aufgebautes, nach inneren Gesetzen entwickeltes System darstellen. Der Begriff einer solchen Einheit kann aber nicht aus der Natur geschöpft werden — er ist ein Vernunftbegriff, den wir in die Natur hineintragen; wir „befragen die Natur nach dieser Idee"[2] und halten unsere Erkenntnis für unvollständig und mangelhaft, so lange sie derselben nicht adäquat ist. Weil aber dieser Fall nicht eintreten kann, so wird jene Einheit in Ansehung ihrer Geltung niemals objektiv und real, sondern bleibt stets subjektiv und ideal.

Da nun die Einheit zu der unter ihr begriffenen Mannigfaltigkeit sich verhält, wie die Gattung zu ihren Arten, so lassen sich die regulativen Ideen in Gestalt von drei Gesetzen aussprechen, bei deren Auffindung sich Kant an einige „alte Schulregeln" der Logik anlehnt. Die erste dieser Regeln lautet: „entia praeter necessitatem non esse multiplicanda"; sie besagt, dafs die anscheinend unendliche Mannigfaltigkeit der empirischen Erscheinungen uns nicht abhalten dürfe, hinter ihnen immer und immer wieder eine höhere Einheit zu vermuten, der sie sich unter-

---

[1] Ebenda. S. 357.
[2] Ebenda. S. 138.

ordnen lassen wie die Arten der Gattung — in der subjektiven Vorstellung, „diese Vernunfteinheit sei der Natur selbst angemessen."¹) Dieses Prinzip, zu den Arten fortwährend die Gattung zu suchen, ist das der Gleichartigkeit oder Homogeneität. Diesem steht das Gesetz der Spezifikation gegenüber: „entium varietates non temere esse minuendas". Jede Gattung fordert ihre Arten, diese ihre Unterarten, und so fort ins Unendliche. Indem jede Art wiederum als Gattung angesehen wird, erhält die Wissenschaft die Richtschnur, unausgesetzt die besonderen Merkmale der Objekte zu erforschen und zu jeder Verschiedenheit kleinere Verschiedenheiten zu suchen, um das Ganze der Erkenntnis immer reichhaltiger und differenzierter zu gestalten. Beide Gesetze sind vereinigt in dem dritten Prinzip, dem der Affinität oder Kontinuität, das ausgedrückt wird durch den Satz: „datur continuum formarum", d. h. zwischen zwei Punkten eines Weges, der von den Arten zur Gattung stetig aufwärts und von der Gattung zu den Arten stetig abwärts führt, giebt es niemals einen Sprung, sondern immer wieder eine unendliche Reihe verbindender Mittelglieder.

Alle subjektiven Grundsätze, die nicht auf die Beschaffenheit der Natur, sondern auf die Vollkommenheit unserer Erkenntnis der Objekte gehen, heifsen Maximen; als solche Maximen müssen die für die Naturbetrachtung mafsgebenden regulativen Grundsätze jederzeit angesehen werden. In diesem kritischen Gesichtspunkte, der zugleich eine Erweiterung und eine Begrenzung der Erkenntnis in sich fafst, erblickt Kant selbst „das Resultat der ganzen transscendentalen Dialektik", das er in die Worte kleidet: „Die reine Vernunft ist in der That mit nichts, als mit sich selbst beschäftigt, und kann auch kein anderes Geschäft haben, weil ihr nicht die Gegenstände zur Einheit des Erfahrungsbegriffs, sondern die Verstandeserkenntnisse zur Einheit des Vernunftbegriffs, d. i. des Zusammenhanges in einem Prinzip gegeben werden."²)

Durch dieses Resultat wird schliefslich auch der theologischen Idee im kritischen Sinne zugleich ihre Beschränkung und ihre Rechtfertigung zu Teil. Die Vernunft darf sich nicht anmafsen, das Dasein Gottes erkennen und beweisen zu wollen. Wohl aber

---

¹) Ebenda. S, 441.
²) Ebenda. S. 457.

darf sie die Welt der inneren und äufseren Erscheinungen so betrachten, als ob sie aus einer göttlichen Intelligenz als oberster Ursache entsprungen sei. Zu der Idee Gottes als regulativem Prinzip steht die Forderung keineswegs im Widerspruch, dafs die Naturforschung durchaus an der Kette der Naturursachen fortschreite.

4. Die Mittelstellung der drei Naturgesetze zwischen theoretischer und praktischer Vernunft.

Man sollte erwarten, dafs die Kritik der reinen Vernunft für das künftige System die Zweiteilung feststellen werde, die durch die voraufgegangenen Untersuchungen geboten erscheint; danach müfste sie die Theorie der mechanischen Welterklärung den konstitutiven, die Theorie der zweckmäfsigen Weltbetrachtung den regulativen Prinzipien zuweisen. In jener würde die objektive theoretische Erkenntnis ihren Platz finden, die von den Grundsätzen des reinen Verstandes abhängt, in dieser die subjektive Beurteilung, die durch das zwecksetzende Vermögen der reinen Vernunft (im engeren Sinne) geleitet wird. Der Weg, den die Vernunftkritik einschlägt, ist jedoch ein anderer; sie teilt das System der reinen Vernunft in Natur- und Sittenlehre, so dafs der einen die theoretische Erkenntnis, der andern die praktische Erkenntnis zukommt: die Naturphilosophie entwickelt ein System der mechanischen Ursachen, die Moralphilosophie ein solches der moralischen Zwecke.

Fragen wir, wie sich die zweckmäfsige Naturbetrachtung, die sich in den erwähnten drei Gesetzen ausspricht, zu den beiden andern apriorischen Erkenntnisarten verhält, so leuchtet sofort ein, dafs sie mit keiner von ihnen identifiziert werden kann: sie ist weder theoretisch noch praktisch. Vielmehr enthält sie sowohl von der einen als auch von der anderen gewisse Elemente und ist mithin mit beiden verwandt; aber sie tritt nicht als dritte gleichberechtigte Erkenntnisart neben die übrigen, sondern nimmt zwischen ihnen eine Mittelstellung ein. Das Feld ihrer Thätigkeit teilt sie mit der theoretischen Erkenntnis, den Ursprung und die Art ihrer Wirkung hingegen mit den moralischen Ideen. Sie ist eine heuristische Maxime, die durch ihren heuristischen Charakter ihre Hinneigung zu den Objekten der sinnlichen Erfahrung, durch ihre Geltung als Maxime jedoch ihre Zugehörigkeit zu dem Geschlechte der Vernunftbegriffe bekundet.

Wir dürfen also das Gesamturteil dahin zusammenfassen, daſs die Vernunftkritik in den drei Naturgesetzen der Homogeneität, Spezifikation und Kontinuität zwar das **Thema** für eine ganz neue apriorische Form der Vernunft entdeckt, aber dieselbe noch nicht den Problemen zugesellt hat, die einer systematischen Ausführung und Behandlung in einem eigens dazu bestimmten Teile der Metaphysik bedürfen, wie eine solche den reinen Verstandesbegriffen und den moralischen Gesetzen zu Teil wird. Die Begründung der Naturwissenschaft, die mit der Frage nach der Möglichkeit der Erscheinungen identisch war, ist dasjenige Problem gewesen, dessen Lösung die „Kritik der reinen Vernunft" vollbracht hat; dieselbe hat, wie wir sahen, eine systematische Einordnung der zweckmäſsigen Naturbetrachtung nicht im Gefolge gehabt. Da die theoretische Philosophie somit diese Frage zwar gestreift, aber nicht durchdrungen hat, so kann die Systematisierung der Teleologie, falls sie überhaupt stattfindet, nur von den Resultaten der praktischen Philosophie ausgehen. Es bleibt allein der Ausweg übrig, daſs die zweite Aufgabe der kritischen Philosophie, die hauptsächlich in der „Kritik der praktischen Vernunft" durchgeführt wird, von sich aus zur erneuten Aufnahme des Problems führt, wie die Natur als bestimmbar durch Ideen zu denken sei. Denn die Vermutung, daſs der Teleologie ein wichtigerer Beruf und gröſsere Tragweite beschieden sei, findet sich an einer interessanten Stelle der transscendentalen Dialektik angedeutet[1]): dort heiſst es von den Ideen, „daſs sie vielleicht von den Naturbegriffen zu den praktischen einen Übergang möglich machen und den **moralischen Ideen** selbst auf solche Art Haltung und Zusammenhang mit den spekulativen Erkenntnissen der Vernunft verschaffen können. Über alles dieses muſs man Aufschluſs in dem Verfolg erwarten".

Durch diese Erwägungen ist uns der weitere Verlauf unserer Darlegungen von selber vorgeschrieben. Nachdem gezeigt ist, daſs die Lehre von den moralischen Zwecken in der Vernunftkritik wurzelt, wird im Zusammenhange hiermit festzustellen sein, auf welchen Gründen in dieser die Einschränkung der regulativen Prinzipien auf die moralischen beruht. Sodann muſs die Art und Weise verfolgt werden, wie die Sittenlehre den Zweckbegriff entwickelt und anwendet, und wie sie das Verhältnis der theoretischen

---

[1]) Werke. III. S. 266.

Vernunft zur praktischen bestimmt. Erst dann läfst sich die Frage aufwerfen, ob im Lichte dieser Untersuchungen die Teleologie ein neues Ansehen gewonnen und unter dem Eindruck der Ergebnisse der Moralphilosophie ihre Eigenart nach der einen oder der anderen Richtung hin fester ausgeprägt hat.

III. Die Einschränkung der Ideen auf das Gebiet der praktischen Vernunft.

1. Der intelligible Charakter als Weltprinzip.

Als Kant die Vernunftkritik schrieb, hatte sich in ihm der Gedankenprozefs bereits vollzogen, durch den das Vermögen des Unbedingten innerhalb des eigentlichen Systems seine ausschliefsliche Vertretung in den moralischen Ideen fand, während das gleiche Vermögen in Ansehung der Naturbetrachtung mit der von uns gekennzeichneten Zwischenstellung vorlieb nehmen mufste. Indessen läfst sich in der transscendentalen Dialektik noch genau der Ideengang aufzeigen, als dessen notwendiges Resultat jene Einschränkung erfolgte. Den Schlüssel zu der letzteren giebt die dritte Antinomie mit ihrer Lehre von dem intelligiblen Charakter, durch welche die Frage, wie das Unbedingte als Ursache des Bedingten gedacht werden könne, in vorläufig entscheidender Weise zum Austrag gebracht wird.

Die Lehre vom intelligiblen Charakter knüpft an die Unterscheidung der dynamischen Antinomieen von den mathematischen unmittelbar an; in diesen wurde sowohl das Urteil der Thesis wie das der Antithesis als falsch nachgewiesen, weil beide auf eine fehlerhafte Voraussetzung sich gründeten, nämlich auf die Voraussetzung von einer Idee als Gröfse, von einem in Raum und Zeit existirenden Ding an sich. Die Urteile der dynamischen Antinomieen dagegen könnten beide zutreffend sein, vorausgesetzt dafs sich die Freiheit auf die Dinge an sich, die Notwendigkeit auf die Erscheinungen bezöge: es müfste die Freiheit Ursache der Notwendigkeit sein können.

Die Freiheit ist das Vermögen, einen Zustand von selbst anzufangen; da sie somit nichts von der Erfahrung Entlehntes enthält, mufs sie den transscendentalen Ideen zugezählt werden. Soll sie mit der Natur vereinigt sein, so würden Natur und Freiheit in verschiedener Beziehung bei der gleichen Gelegenheit auftreten. Nun darf auf keinen Fall die Richtigkeit des Grundsatzes von der mechanischen Kausalität der natürlichen Begebenheiten Abbruch erleiden; also geht die Frage dahin, ob trotz der letzteren eine Kausalität durch Freiheit möglich sei. Wenn die Erscheinungen Dinge an sich sind, so ist die Freiheit unrettbar verloren, weil dann alle Ursachen in der Reihe der empirischen Erscheinungen liegen. Gelten die Erscheinungen dagegen als Vorstellungen, die nach empirischen Gesetzen zusammenhängen, so kann ihre Ursache sehr wohl intelligibel sein; dann wird die Wirkung hinsichtlich ihrer Ursache als frei, hinsichtlich ihrer Erscheinung als naturnotwendig betrachtet. Die Ansicht von einer solchen doppelten Kausalität enthält nach den Begriffen, welche die transscendentale Analytik über eine mögliche Erfahrung aufgestellt hat, keinen inneren Widerspruch.[1]

Das Gesetz, nach dem eine Ursache wirkt, nennen wir ihren Charakter. Demnach hätte jedes Subjekt der Sinnenwelt einen empirischen Charakter, wodurch seine Handlungen als Erscheinungen mit anderen Erscheinungen nach Naturgesetzen verknüpft sind, und gleichzeitig einen intelligiblen Charakter, wodurch es zwar Ursache der Erscheinung, aber aufserhalb der Sinnlichkeit und darum nicht selbst Erscheinung ist. Der intelligible Charakter nun könnte zwar nicht erkannt, aber doch dem empirischen Charakter gemäfs gedacht werden „sowie wir überhaupt einen transscendentalen Gegenstand den Erscheinungen zum Grunde legen müssen, ob wir zwar von ihm, was er an sich selbst sei, nichts wissen".[2] Mit diesen Worten ist deutlich gesagt, dafs der intelligible Charakter zunächst nicht den inneren Erscheinungen allein zu Grunde gelegt, sondern als Weltprinzip aufgefafst werden mufs. Sonst würde Kant — wie Fischer schlagend ausführt[3] — denselben überhaupt nicht unter den Antinomieen, sondern unter den Paralogismen der reinen Vernunft behandelt haben. Auch wird sich zeigen, dafs die Art und Weise, wie Kant späterhin die Teleologie begründet, den intelligiblen Charakter in unserem Sinne voraussetzt und ohne diese Annahme völlig in der Luft schweben würde. Der Grund, aus dem der Philosoph am Schlusse der Vernunftkritik allein die praktische Freiheit in sein System aufnimmt, ist darin zu suchen, dafs die menschliche Freiheit, die

---

[1] Werke, III, S. 368 flg. Vgl. Fischer, a. a. O., S. 491 flg.
[2] Ebenda, S. 375.
[3] A. a. O., S. 497.

anfangs nur als Beispiel für die transscendentale gebraucht wurde, schliefslich als einziges — praktisch erkennbares — Zeugnis für dieselbe gilt.

2. Die Exemplifizierung der transscendentalen Freiheit durch die menschliche Freiheit.

Von Anfang an bedient sich der Philosoph, so oft er sich gedrungen fühlt, seine „abstrakten" Ausführungen über die intelligible Ursache durch eine bestimmte Anwendung „aufzuklären",[1]) der menschlichen Freiheit, deren Bewufstsein in jeder Brust lebe, als Beispiels für die transscendentale Freiheit. Nicht erst in den Betrachtungen, die er an die dritte Antinomie anschliefst, sondern bereits bei der Einführung der Ideen bezeichnet er es ausdrücklich als seine Absicht, „den Boden zu den majestätischen sittlichen Gebäuden eben und baufest zu machen".[2]) und erklärt es für verwerflich, aus der Erfahrung die „Gesetze über das, was ich thun soll", herzunehmen. Weiterhin wird betont, dafs der praktische Begriff der Freiheit sich auf die transscendentale Idee derselben gründe und ohne die letztere gar nicht möglich sei. Die praktische Freiheit setzt voraus, dafs eine Handlung, obwohl sie nicht geschehen ist, doch hat geschehen können, dafs also in unserem Willen ein Vermögen der Selbstbestimmung enthalten ist, kraft dessen wir eine Reihe von Begebenheiten — auch wider die Gewalt der natürlichen Ursachen — ganz von vorn anfangen können; mit dem Aufhören der transscendentalen Freiheit wird dieses Vermögen völlig aufgehoben.[3])

Auch der Unterschied zwischen dem empirischen und dem intelligiblen Charakter wird an den menschlichen Handlungen verdeutlicht. Es giebt keine Handlung, die wir nicht mit Gewifsheit aus den ihr vorhergehenden Bedingungen als notwendig erkennen könnten. Aber die nämlichen Thaten zeigen, wenn wir sie in praktischer Absicht betrachten, sich durch ganz andere Gesetze als die natürlichen verursacht. Da sollte vieles nicht geschehen sein, was nach dem Laufe der Naturgesetze geschehen ist. Die sittlichen Handlungen beruhen auf einer Idee, während den sinnlichen Erscheinungen jederzeit andere Erscheinungen zu Grunde liegen.[4])

---

[1]) Werke. III. S. 373.
[2]) Ebenda. S. 260.
[3]) Ebenda. S. 371 flg.
[4]) Ebenda. S. 379 flg.

Wir haben aus den zahlreichen Stellen, in denen die transscendentale Freiheit durch die menschliche exemplifiziert wird, nur die markantesten herausgegriffen. Aber sie genügen, um es nicht mehr verwunderlich erscheinen zu lassen, wenn nunmehr in der transscendentalen Methodenlehre, die den Grundriß für das künftige System entwirft, die Freiheit als Weltprinzip gänzlich verschwindet und durch die menschliche Freiheit in deren Eigenschaft als Urgrund der sittlichen Erscheinungen ersetzt wird.

3. Die Zweiteilung des Systems in Natur- und Sittenlehre.

Der „Kanon der reinen Vernunft" nimmt seinen Ausgangspunkt von der Frage, ob das Bestreben der Vernunft, vermittelst der Ideen über den Kreis der Erfahrung hinauszugehen, auf ein spekulatives oder praktisches Interesse gegründet sei. Nach dem Voraufgegangenen kann nicht mehr zweifelhaft sein, in welchem Sinne die Antwort ausfallen wird. Die Vernunft kann von den Entdeckungen, die sie auf dem Gebiete des Übersinnlichen — in Form der regulativen Naturgesetze — zu Tage gefördert hat, in der Naturforschung selbst keinen Gebrauch machen. Die Thatsache, daß sie trotzdem einer ermüdenden, mit unaufhörlichen Hindernissen ringenden Arbeit transscendentaler Nachforschung sich unterzieht, wäre unbegreiflich, wenn diese ihr nicht nach einer anderen Seite hin Befriedigung gewähren würde. Als einziges Feld, auf dem die Ideen in Wirklichkeit treten können, bleibt somit die praktische Vernunft übrig.[1]

Praktisch ist „Alles, was durch Freiheit möglich ist". Wie die Freiheit der Urgrund der sinnlichen Erscheinungen sein kann, bleibt ein unauflösliches Problem, das darum als „abgethan bei Seite gesetzt" werden muß; in der Sinnenwelt haben die Zwecke, wie die transscendentale Dialektik erwiesen hat, nur eine subjektive Geltung. Wenn es dagegen ein Gebiet giebt, das wir im Unterschiede von dem der sinnlichen Erscheinungen als das der sittlichen Erscheinungen bezeichnen können, so muß hier die reine Vernunft „Kausalität haben, das wirklich hervorzubringen, was ihr Begriff enthält",[2] so müssen hier die Zwecke sich in Handlungen umsetzen lassen und in Rücksicht auf letztere reale Geltung gewinnen.

---

[1] Ebenda, S. 526 flg.
[2] Ebenda, S. 265.

Auf diese Weise geht unvermerkt der Begriff der transscendentalen Freiheit in den der praktischen Freiheit über: der Philosoph konstatiert jetzt ausdrücklich, dafs er sich fortan des Begriffs der Freiheit „nur im praktischen Verstande"[1]) bedienen werde. Durch sie glaubt er auf moralischem Gebiete von jener aus einem Prinzip hervorgehenden „systematischen Einheit" die unmittelbare Gewifsheit zu erlangen, die den spekulativen Grundsätzen des Verstandes in der Sinnenwelt versagt blieb.

Aus diesen Erwägungen, in denen jedoch vorläufig erst die Möglichkeit, noch nicht die Thatsache der praktischen Erkenntnis behauptet wird, schöpft die „Architektonik der reinen Vernunft" endlich ihre Zweiteilung des Systems in Metaphysik der Natur und Metaphysik der Sitten, wobei die Gesetzgebung der ersten der theoretischen Vernunft, die der zweiten der praktischen Vernunft zuerkannt wird. Die letztere wird — das leuchtet bereits aus der Vernunftkritik ein — der Vernunft eine bedeutsame Erweiterung der Erkenntnis bringen, wenn auch nur für den Umkreis der menschlichen Handlungen. Das Ding an sich, das bisher allgemein als das unerkennbare Substrat der Erscheinungen galt, wird als praktische Freiheit „in den Erleuchtungskreis unserer Vernunft eingehen"[2]) und in dieser neuen Gestalt den Ausgangspunkt für alle weiteren Probleme der kritischen Philosophie bilden.

C. Die Voraussetzungen für die Ästhetik in der Moralphilosophie.

I. Die Einführung des Zweckbegriffs: das Sittengesetz als Endzweck.

Die beiden moralphilosophischen Werke Kants, die seinem „System der Sitten" als Prolegomena vorausgehen, teilen sich in ihre Aufgabe so, dafs die „Grundlegung zur Metaphysik der Sitten" das Vermögen der Sittlichkeit feststellt, die „Kritik der praktischen Vernunft" dasselbe untersucht und begründet. Jene

---

[1]) Ebenda, S. 531.
[2]) Fischer, Kritik der kantischen Philosophie, S. 92.

führt den Zweckbegriff in die Sittenlehre ein; diese thut die Realität der moralischen Zwecke dar und vollzieht die Unterordnung der spekulativen Vernunft unter die praktische.

Um das Moralprinzip zu finden und seine Merkmale zu bestimmen, nimmt der Philosoph von der gemeinen sittlichen Vernunfterkenntnis seinen Ausgangspunkt. Als gut im wahren Sinne des Wortes gilt uns nur eine Handlung, die durch den guten Willen veranlafst wird. Wäre das Wohlergehen der Menschen der Zweck ihres Lebens, so würde der natürliche Instinkt weit besser zu demselben führen, als die Vernunft. Diese mufs eine höhere Absicht haben, als die menschliche Glückseligkeit zu befördern; der Wille existiert nicht als Mittel, sondern um seiner selbst willen. Die wahre Bestimmung des Willens besteht in seiner Pflicht; wenn der Wille pflichtmäfsig handelt, so handelt er gut. Und zwar darf er bei Erfüllung seiner Pflicht weder durch äufseren Vorteil noch durch persönliche Neigung beeinflufst sein; sein Beweggrund, seine Maxime mufs das Gefühl der Pflicht selber sein, er mufs ihr Gesetz erfüllen um des Gesetzes willen, aus Achtung vor dem Gesetze. Da nun die Vorstellung des Gesetzes in allen vernünftigen Wesen stattfindet, so besteht das Kriterium des sittlichen Handelns darin, dafs ich auch wollen kann, meine Maxime solle allgemeines Gesetz werden. Dies ist das Moralprinzip, das jedem natürlichen Gefühle eignet, und an welchem letzteres die menschlichen Handlungen unwillkürlich beurteilt.[1]

Das Sittengesetz kann, da es für alle vernunftbegabten Wesen schlechterdings und notwendig gilt, nicht aus der Erfahrung hergeleitet werden. Daher kann auch die wissenschaftliche Moralphilosophie nicht empirische Anthropologie und Psychologie sein, sondern Metaphysik der Sitten. Ihre Aufgabe ist, den Inhalt des Sittengesetzes festzustellen. Der Wille hat das Vermögen der Selbstbestimmung, das ihn befähigt, gemäfs der Vorstellung des Gesetzes zu handeln. Sein Gesetz darf ihn nicht zwingen, sondern nur verpflichten, es bezeichnet nicht ein Müssen nach der Notwendigkeit der Naturgesetze, sondern ein Sollen nach dem Gebote der Pflicht. Er tritt dem menschlichen Willen gegenüber als Imperativ auf, und zwar als kategorischer Imperativ, weil sein Gebot nicht von zufälligen Nützlichkeitsrücksichten abhängt, sondern unbedingt und unter allen Umständen gilt.

---

[1] Grundlegung zur Metaphysik der Sitten: Werke, IV, S. 241 flg.

Der katagorische Imperativ schliefst alle empirischen Triebfedern von vornherein aus, mit diesen zugleich alle relativen Zwecke: der Zweck, dem er sich dienstbar macht, ist niemals Mittel zu einem anderen Zwecke, sondern absoluter Zweck oder Selbstzweck. Nur ein vernünftiges, zwecksetzendes Wesen kann alle Mittel sich unterthan machen, ohne selbst Mittel zu werden: darum ist die Person Selbstzweck, nur sie hat absoluten Wert und unveräufserliche Würde. Demgemäfs lehrt der katagorische Imperativ: „Handle so, dafs du die Menschheit, sowohl in deiner Person, als in der Person eines jedes anderen, jederzeit zugleich als Zweck, niemals blos als Mittel brauchst."

Unter diesem Gesetz stehen alle vernünftigen Wesen ohne Ausnahme: aus der systematischen Verbindung derselben durch gemeinschaftliche Gesetze entsteht ein Reich der Zwecke, eine moralische Ordnung der Dinge, worin jeder Einzelne als Glied der gesamten moralischen Entwicklung sich einfügt.

Um sittlich zu handeln, darf der Wille das Sittengesetz nicht von aufsen als ein fremdes empfangen haben. Wahre Sittlichkeit ist nur möglich, wenn das Sittengesetz als ein solches erkannt wird, das der Wille sich selbst gegeben hat: einzig der autonome Wille ist im Stande, das Sittengesetz freiwillig zu erfüllen aus Achtung vor dem Gesetz. In der Willensfreiheit wurzelt das Sittengesetz und damit die Möglichkeit des sittlichen Thuns in seinem ganzen Umfange.[1])

Mit der Feststellung der Autonomie des Willens, zu der die Grundlegung zur Metaphysik der Sitten durch die Analyse des sittlichen Bewufstseins vordrang, hat dieselbe ihre Aufgabe vollendet. Sie hat gezeigt, dafs die Freiheit die notwendige Bedingung ist, unter der allein es Vernunftzwecke giebt, unter der allein das „im Urteile der gemeinen Vernunft bewährte" Sittengesetz existieren kann. Weiter reichen die Untersuchungen jener ersten moralphilosophischen Schrift Kants nicht; denn die Freiheit ist, da sie nicht in der Sinnenwelt erscheint, der metaphysischen Einsicht unzugänglich. Es handelt sich nun darum, das Vermögen der Freiheit selbst zu erforschen und als Bedingung des Sittengesetzes darzuthun. Diese Aufgabe übernimmt und löst die „Kritik der praktischen Vernunft". Das Ergebnis dieser Unter-

---

[1]) Kant. a. a. O., S. 251 flg. Vgl. Fischer. Gesch. der neuern Philos., S. 64 flg.

suchung müssen wir genau kennen lernen; denn aus diesem erklärt sich der Fortgang der ganzen kantischen Lehre.

II. Die Realität der Freiheit.[1]

Diejenigen Ausführungen, in denen die Kritik der praktischen Vernunft sich mit dem Freiheitsproblem auseinandersetzt, finden sich am Schlusse ihres ersten Hauptabschnittes, in der „Analytik der reinen praktischen Vernunft" und bezeichnen sich als deren „kritische Beleuchtung". In der Lehre von dem intelligiblen Charakter hatte die Vernunftkritik das Problem in Erwägung gezogen und ihm die richtige Fassung gegeben; in ihrem Kanon hatte sie von derselben derart die Nutzanwendung gemacht, dafs sie in der praktischen Vernunft das einzig mögliche Feld für die Wirksamkeit der Freiheit fand. So schliefst sich die Kritik der praktischen Vernunft an die letzten Erörterungen der Kritik der reinen Vernunft direkt an; aber sie bejaht jetzt für die Welt der sittlichen Erscheinungen nicht nur von neuem die Möglichkeit der Freiheit, sondern beweist überdies die Realität und Notwendigkeit derselben. Theoretisch ist die Freiheit nicht erkennbar, jedoch denkbar; praktisch, d. h. als Wille ist sie in dem Grade erkennbar, dafs ohne ihre Existenz die Thatsache des Sittengesetzes ein unauflösbares Rätsel bleiben würde.

Das Problem der menschlichen Freiheit läfst sich zurückführen auf die Frage, ob dasselbe Subjekt zugleich ein intelligibler und empirischer Charakter sein, ob seine Handlungen dementsprechend zugleich frei und notwendig sein können. Sie sind nicht beides nach der Art jener synkretistischen Auslegung, laut welcher unsere Handlungen unter allen möglichen inneren und äufseren Einflüssen stehen, aber nach Abzug der letzteren dem freien Willen noch einen gewissen Spielraum verstatten sollen. Vielmehr sind sie ihrem Gesamtcharakter nach sowohl frei als auch notwendig, aber jedes in einem anderen Sinne. Wie sie erscheinen und in der Sinnenwelt sich äufsern, tragen sie unwiderruflich den Stempel der Notwendigkeit — in dem zeitlichen Dasein ist die Freiheit ein „nichtiger und unmöglicher Begriff"; würden wir einen Menschen genau genug kennen, um alle seine Triebfedern zu durchschauen, so wären wir im Stande, sein Verhalten mit der gleichen Gewifsheit auszurechnen wie eine Mond-

---

[1] Kant's Werke, V. S. 93 flg. Vgl. Fischer, a. a. O., S. 81 flg.

oder Sonnenfinsternis". Aber das hindert uns nicht, denselben Menschen für sein Thun und Lassen verantwortlich zu machen, seine Gesinnung als gut oder böse zu beurteilen und seinen sittlichen Wert nach Maßgabe seiner Handlungen zu bestimmen. Die Handlungen folgen aus der Gesinnung, aber die Gesinnung selbst wurzelt in dem intelligiblen Charakter; sie ist eine That der Freiheit des Menschen und gehört „zu einem einzigen Phänomen seines Charakters, den er sich selbst verschafft, und nach welchem er sich, als einer von aller Sinnlichkeit unabhängigen Ursache, die Kausalität jener Erscheinungen selbst zurechnet".[1]) Wir legen die Kausalität nach dem Gesetze der Notwendigkeit blofs der Erscheinung, die Kausalität durch Freiheit demselben Wesen als Ding an sich bei; und sofern es sich als letzteres autonom sein eigenes Gesetz giebt, mufs das vernünftige Wesen in der That von jeder gesetzwidrigen Handlung sagen, dafs es sie hätte unterlassen können. Hiermit stimmen die Richtersprüche des „wundersamen Vermögens", das wir Gewissen nennen, vollkommen überein: auf das Bewufstsein, dafs wir eine schlechte That hätten unterlassen können, gründet sich die Reue, die durch die Stimme des Gewissens in uns wachgerufen wird. Unser Gewissen bezeugt uns, dafs der intelligible Charakter es ist, der den empirischen bedingt und ermöglicht. Die Freiheit darf jetzt als erwiesene Thatsache gelten, weil nur unter dieser Voraussetzung das Sittengesetz, dessen Vorhandensein niemand leugnet, erklärlich wird. Die „herrliche Eröffnung", die uns durch die praktische Vernunft vermittelst des moralischen Gefühls widerfährt, besteht in der Einrichtung „einer intelligiblen Welt durch Realisierung des sonst transscendentalen Begriffs der Freiheit."[2])

Somit beansprucht die Freiheit, die als transscendentales Prinzip für die Vernunftkritik nur die Gültigkeit einer Idee hatte, fortan auf praktischem Gebiete objektive Realität. Das Ding an sich, das für die Erkenntnislehre in einen undurchdringlichen Schleier gehüllt war, verwirklicht sich in dem Begriffe der praktischen Freiheit. Die Idee der intelligiblen Welt ist „in praktischer Absicht immanent" geworden und hat sich so des problematischen Charakters entäufsert, in welchem sie der theoretischen Philosophie erscheinen mufste. In Kant's eigenen Worten

---

[1]) Werke. V. S. 102.
[2]) Ebenda. S. 99.

ist dies Bekenntnis ausgesprochen: „Also ist jene unbedingte Kausalität und das Vermögen derselben, die Freiheit, mit dieser aber ein Wesen (ich selber), welches zur Sinnenwelt gehört, doch zugleich als zur intelligiblen gehörig nicht blofs unbestimmt und problematisch gedacht (welches schon die spekulative Vernunft als thunlich ausmitteln konnte), sondern sogar in Ansehung des Gesetzes ihrer Kausalität bestimmt und assertorisch erkannt, und so uns die Wirklichkeit der intelligiblen Welt, und zwar in praktischer Rücksicht bestimmt, gegeben worden".[2])

III. Die Unterordnung der Natur unter die Freiheit durch den Primat der praktischen Vernunft.

Mit dem Beweise, dafs das Vermögen der Freiheit in Wahrheit existiert, hängt aufs engste die Frage zusammen, wie sich die Freiheit zur Sinnenwelt, die praktische Vernunft zur spekulativen verhalte. Die Entscheidung dieser Frage bildet das Resultat der „Dialektik der reinen praktischen Vernunft".

Die Analytik der praktischen Vernunft hatte den Willen, um seinen Beweggrund als apriorisch und allgemein verbindlich zu erweisen, von allen empirischen Bestandteilen gereinigt. Dadurch geriet sie in einen schroffen Gegensatz zu aller eudämonistischen Moralphilosophie, die einen Zustand der dauernden Glückseligkeit als das für den Willen begehrenswerte Ziel betrachtet. Gerade damit, dafs sie dies Streben nach Glückseligkeit als ein in der Selbstliebe wurzelndes, durch die Vorstellung von Lust und Genufs empirisch bestimmtes Gefühl darthat, das als solches niemals allgemeines Gesetz zu werden vermöge, motivierte die kantische Sittenlehre ihre feindliche Stellung gegenüber dem Eudämonismus. Die Wirkung des Sittengesetzes mufste in der Vernichtung der Selbstsucht bestehen, und das sittliche Ideal konnte nicht schärfer und unerbittlicher begrenzt werden, als es durch jenen Rigorismus geschah, der die Tugend als das Ergebnis eines inneren Kampfes, als den Sieg der Pflicht über die Neigung auffafste.

Nun aber stellt die Dialektik der praktischen Vernunft den Begriff des höchsten Gutes auf, als welcher durch unsere Vernunft notwendig gefordert werde; sie versteht darunter das Gute κατ' ἐξοχήν, den Inbegriff aller — nicht nur des unbedingten, sondern

---

[1]) Ebenda, S. 109 flg.

auch der bedingten — Güter, die Vereinigung von Tugend und Glückseligkeit. Auf keinen Fall darf diese Einheit als Identität gedacht werden in der Art, dafs etwa die Glückseligkeit in der Tugend oder diese in jener begriffen sei, wie die Stoiker und die Epikureer angenommen haben. Also können sie zu einander nur im Verhältnisse der Kausalität stehen, so dafs entweder die Glückseligkeit als Ursache der Tugend oder die Tugend als Ursache der Glückseligkeit gilt. Der Verstand kann keinen von beiden Fällen als möglich anerkennen, da nur die Glückseligkeit, nicht aber die Tugend in der Sinnenwelt anzutreffen und demgemäfs ihr gegenseitiges Verhältnis ein der Erfahrung unerreichbares Problem ist. Die Erkenntnis steht diesem Probleme ratlos gegenüber, sie kann weder die Thesis noch die Antithesis bejahen: darin besteht die Antinomie der praktischen Vernunft. Die Möglichkeit aber, dafs sich jemals die Tugend der Glückseligkeit unterordnen könne, ist aufserdem noch aus moralischen Gründen zu verneinen, weil mit der empirischen Bedingtheit des Sittengesetzes alle Moralität der Zerstörung preisgegeben sein würde. Dagegen kann die Moral von sich aus nichts gegen die Ansicht einwenden, dafs die Tugend der Glückseligkeit zu Grunde liege; da dieser Fall der einzig denkbare ist, so fällt er am schwersten ins Gewicht und mufs als die Lösung der Antinomie, als die definitive Bestimmung des Verhältnisses von Tugend und Glückseligkeit angesehen werden. Dieses Verhältnis, das der Freiheit die Natur, dem intelligiblen Charakter den empirischen, der praktischen Vernunft die spekulative unterwirft, bezeichnet Kant als „Primat der reinen praktischen Vernunft". Derselbe verkündet als der Weisheit letzten Schlufs, dafs „alles Interesse zuletzt praktisch ist, und selbst das der spekulativen Vernunft nur bedingt und im praktischen Gebrauche allein vollständig ist".[1]) Die drei Bedingungen aber, unter denen die Erlangung des höchsten Gutes steht, sind das Vermögen der Freiheit, die Unsterblichkeit der Seele und das Dasein Gottes; sie sind die „Postulate der praktischen Vernunft", denen ein notwendiges Vernunftbedürfnis zu Grunde liegt.

Die Lehre von dem Primat der praktischen Vernunft ist ein in ihren Konsequenzen aufserordentlich wichtiges und fruchtbares Ergebnis. Die Trennung, die bis dahin zwischen der Welt des

---

[1]) Werke. V, S. 127.

Dinges an sich und der der Erscheinungen bestand, ist nunmehr für die ganze Machtsphäre aufgehoben, innerhalb welcher die menschliche Vernunft ihre Zwecke zu realisieren vermag. Die Freiheit kann sich jetzt auf allen Gebieten der menschlichen Entwicklung einheimisch machen; der Begründung des Reiches der Zwecke, das uns die Grundlegung zur Metaphysik der Sitten in Aussicht gestellt hat, steht fortan nichts mehr im Wege.

IV. Die Sittenlehre als Entwicklungssystem.
1. Die Erfüllung der Vernunftzwecke in der Geschichte der Menschheit.

Die kantische Rechts- und Religionsphilosophie unterzieht sich der Aufgabe, die Wirksamkeit der praktischen Freiheit für den ganzen Umfang des sittlichen Lebens zu erleuchten, das menschliche Sinnenleben als moralisches Phänomen darzustellen. Im Lichte dieser Auffassung erweist sich die gesamte kulturgeschichtliche Entwicklung der Menschheit als die fortgesetzte Erscheinung der Freiheit in der moralischen Welt, als die ununterbrochene Erfüllung der Vernunftzwecke. Die Tugendlehre stellt das Ideal auf, dem die Handlungen des einzelnen Menschen zustreben sollen; mit ihr hängt die Religionslehre zusammen, deren Inhalt in der Durchführung des Gedankens besteht, daſs die Heilsfrage nur gelöst werden könne durch die fortschreitende Läuterung der Menschennatur, durch die Begründung des Gottesreiches auf Erden vermöge der Ausbildung der sichtbaren Kirche als Erscheinungsform der unsichtbaren. Für das politische Zusammenleben der Menschen beruht die Verwirklichung der Vernunfteinsichten darauf, daſs die Rechtsordnung zum alleinigen Zwecke des Staates gemacht und immer vollkommener gestaltet wird. In kosmopolitischer Hinsicht schlieſslich realisiert sich das sittliche Ziel, indem sich die Völker zu einem gemeinsamen Friedens- und Freiheitsbunde zusammenschlieſsen.

Die geschichtliche Entwicklung der Menschheit ist von Anbeginn identisch mit dem stetigen Kampfe, den die Moral zur Durchsetzung ihrer Herrschaft mit der Sinnlichkeit zu führen hat, um den Primat über die letztere zu erlangen. Aber je weiter wir über die Sphäre der privaten Thätigkeit der einzelnen Individuen und demnächst über den Bereich der bürgerlichen Gesellschaft hinausgehen, je mehr wir der Betrachtung des allgemeinen

Lebens der Menschheit uns nähern, desto weniger schroff tritt der Gegensatz zwischen Freiheit und Natur zu Tage. Der energische Widerspruch, den die natürliche Selbstliebe dem Guten entgegensetzte, wie er durch die Lehre von dem radikalen Bösen in der Menschennatur aufs schärfste ausgesprochen worden war, schwächt sich allmälig ab und macht sogar einer Art von Versöhnung Platz. So tritt der merkwürdige Umstand ein, dafs die Natur sich selbst in den Dienst der Freiheit stellt und der Vernunft den Boden ebnet, den dieselbe zur Realisierung ihrer Zwecke braucht.

2. Der Mechanismus der natürlichen Neigungen im Dienste der Freiheit.

Die freiwillige Unterordnung der Natur unter die Freiheit wird als Thema in die kritische Lehre an dem Punkte eingeführt, wo die Rechtsphilosophie in die Geschichtsphilosophie übergeht. Es sind die kleinen geschichtsphilosophischen Schriften Kant's, in denen der Mechanismus der natürlichen Neigungen von einem gewissen Standpunkte zum ersten Male als dasjenige Element hingestellt wird, das die Vernunft unbewufst ihrem Ziele zutreibt.

Zunächst in dem Aufsatze „mutmafslicher Anfang der Menschengeschichte" (aus dem Jahre 1786) sehen wir diese Tendenz gelegentlich sich äufsern. Hier wird auseinandergesetzt, dafs der Kulturfortschritt zwar nicht für die Gattung, wohl aber für die Individuen eine Wendung vom Besseren zum Schlechteren im Gefolge gehabt habe; denn erst durch das Erwachen der Vernunft seien jene Konflikte zwischen der denkenden und der tierischen Natur des Menschen erzeugt worden, aus denen alle die zahllosen Übel und Laster hervorgingen, unter denen wir zu leiden haben. Aber gerade in diesen Konflikten wirkt die Natur sowohl wie der Mensch unwillkürlich für die höheren Zwecke der Geschichte: Die Natur, indem sie den Menschen aufstachelt, die ihm unbequemen Hindernisse zu beseitigen; der Mensch, indem er die Natur sich unterthan zu machen sucht und durch unaufhörliche Arbeit die Gesamtheit der Vollendung entgegenführen hilft.[1)]

Den gleichen Gedanken enthält in spezieller Ausführung die Abhandlung „Idee zu einer allgemeinen Geschichte in weltbürgerlicher Absicht", die bereits 1784 erschienen ist. Ausgehend von dem Gesichtspunkte, dafs alle Anlagen eines Geschöpfes be-

---

[1)] Werke. IV. S. 313—329. besonders S. 321—324.

stimmt sind, sich zweckmäfsig auszuwickeln, dafs jedoch diese Entwicklung hinsichtlich der in der Menschheit enthaltenen Vernunftanlagen nur in der Gattung, nicht aber im Individuum stattfindet, kommt Kant zu dem Schlusse, dafs gerade der Antagonismus der Menschen in der Gesellschaft das Mittel ist, durch das die Natur auf indirektem Wege an der Erfüllung der Vernunftzwecke mitwirkt. Der Mensch, sonst ein geselliges Wesen, isoliert sich, weil er Alles nach seinem Sinne einrichten möchte und daher allerwärts Widerstand erwartet, wie er auch seinerseits zum Widerstande gegen Andere geneigt ist. Dieser Widerstand weckt die Kräfte des Menschen und bringt ihn dahin, seinen Hang zur Faulheit zu überwinden; getrieben durch Ehrsucht, Herrschsucht und Habsucht sucht er sich einen Rang unter seinen Mitgenossen zu verschaffen. Hier geschehen die ersten wahren Schritte aus der Rohheit zur Kultur; die verschiedenartigen Talente kommen nach und nach zur Entfaltung. Es entsteht eine Sinnesart, welche „die grobe Naturanlage zur sittlichen Unterscheidung mit der Zeit in bestimmte praktische Prinzipien" verwandelt und die „pathologisch abgedrungene Zusammenstimmung" zu der Gesellschaft in ein durch Vernunft geleitetes Streben nach einem moralischen Ganzen übergehen läfst, so dafs aus dem Notstaate der Vernunftstaat entspringt.[1]) Darum sollen wir der Natur für die mifsgünstig wetteifernde Eitelkeit, die sie erregt, Dank wissen. „Der Mensch," sagt Kant, „will Eintracht; aber die Natur weifs besser, was für seine Gattung gut ist; sie will Zwietracht."[1]) So betrachtet, stellt sich die Geschichte der Menschengattung als die Vollziehung eines verborgenen Planes der Natur dar, eine vollkommene Staatsverfassung zu Stande zu bringen als den einzigen den sittlichen Anlagen der Menschheit völlig gemäfsen Zustand.[2])

Die Schrift „über den Gemeinspruch: das mag in der Theorie richtig sein, taugt aber nicht für die Praxis" (sie ist 1793 verfafst) unternimmt es, die früher dargethane Ansicht gegen die Behauptung zu verteidigen, dafs die Verwirklichung der rechts- und geschichtsphilosophischen Theorieen in der Praxis auf unüberwindliche Hindernisse stofse. Sie bekräftigt zu diesem Behufe durch neue

---

[1]) Werke, IV, S. 116 flg.
[2]) Vgl. die Rede Rühl's in der „altpreufsischen Monatsschrift", Bd. XVII, 1880: „über Kant's Idee zu einer allgemeinen Geschichte in weltbürgerlicher Absicht." S. 333—342.

Argumente ihre Anschauungen für die Gebiete der Moral, der Politik und der Kosmopolitik wider die Einwürfe des Geschäftsmannes, des Staatsmannes und des Weltmannes. Gegen den Weltmann, der die Möglichkeit des Fortschrittes der gesamten Menschheit zu den Formen der Gerechtigkeit bezweifelt, führt der Philosoph als seine Bundesgenossen gleichzeitig die menschliche Vernunft und die Natur ins Feld. Die Vernunft fordert, daſs die Entwicklung der Kultur, gegen deren Thatsächlichkeit niemand einen Einwand erheben wird, sich auch auf das sittliche Leben in seiner ganzen Ausdehnung erstrecke. Auſserdem nötigt uns die Natur selbst, „auch wider Willen" in eine weltbürgerliche Verfassung einzutreten. Die Not der Kriege, in denen die Staaten einander zu schmälern und zu unterjochen trachten, zwingt die Völker, sich unter rechtlichen Normen zusammenzuschlieſsen und zur Förderung des gemeinsamen Wohles ein freundschaftliches Verhältnis zu den anderen Staaten anzubahnen.[1])

Diese Ausführungen weisen bereits auf das Thema der Schrift „zum ewigen Frieden" (1795) hin, die in ihrem Kapitel „von der Garantie des ewigen Friedens"[2]) Alles, was speziell über die Unterstützung der menschlichen Vernunftzwecke durch die Natur gesagt werden kann, in eingehender Begründung zusammenfaſst. Der ewige Friede gilt der kantischen Moralphilosophie als die höchste Form, in der die Idee der Gerechtigkeit für das Menschengeschlecht Wirklichkeit zu werden vermag, geradezu als „der ganze Endzweck der Rechtslehre".[3]) Für die Möglichkeit der Erreichung dieses Ideals hat nun die Natur in bewunderungswürdiger Weise gesorgt: die zweckmäſsige Vorstellung des natürlichen Mechanismus wird jetzt von Kant in praktischer Absicht — „in Ansehung des Pflichtbegriffs vom ewigen Frieden" — für zulässig erklärt.

Die Erde — so heiſst es in dem Aufsatze — ist derart eingerichtet, daſs sie überall bewohnt werden kann. Der Krieg bewirkt, daſs die Menschen, aus ihren Stammsitzen vertrieben, alle Gegenden bevölkern. Später treten die Völker, um die Bodenerzeugnisse der verschiedenen Länder auszutauschen, mit einander

---

[1]) Werke, VI, S. 305—346.
[2]) Werke, VI, S. 427—435.
[3]) Vgl. „Metaphysische Anfangsgründe der Rechtslehre" (der Metaphysik der Sitten erster Teil). Werke, VII, S. 169—173.

in geschäftlichen Verkehr. Der Handel aber, dessen sich früher oder später jedes Volk bemächtigt, bedarf zu seinem Gedeihen des Friedens. So bedient sich die Natur des menschlichen Eigennutzes, um die Menschheit ihrem Ziele näher zu bringen; der Egoismus selbst wird zum Hebel der Sittlichkeit. Äufserlich wirken die selbstsüchtigen Neigungen einander entgegen; aber unbewufst vereinigen sie sich in der Beförderung der grofsen Zwecke der Kultur. Ausdrücklich erklärt Kant, wenn er von der Natur behaupte: sie wolle, dafs dieses oder jenes geschehe, so besage das nicht, „sie legt uns eine Pflicht auf, es zu thun, sondern sie thut es selbst, wir mögen wollen oder nicht.[1])

Der ewige Friede in seiner Sicherung durch den Völkerbund ist das letzte Thema, das die kantische Moralphilosophie zu erledigen hatte; seine Ausführung berührt zugleich die äufserste Grenze, bis zu welcher die Sittenlehre in ihrer Erörterung des Verhältnisses von Natur und Freiheit vorzudringen vermochte. Der Mechanismus der natürlichen Neigungen hat sich, wie wir sahen, in den Dienst der vernünftigen Zwecke begeben; die Natur zeigt sich als zweckthätig, wenn auch vor der Hand nur in Ansehung des sittlichen Lebens der Menschheit: „Was diese (des ewigen Friedens) Gewähr leistet, ist nichts Geringeres, als die grofse Künstlerin Natur, aus deren mechanischem Lauf sichtbarlich Zweckmäfsigkeit hervorleuchtet".[2]) Von diesem Ergebnisse ist nur noch ein Schritt zu der Frage, ob die Natur nicht überhaupt so angelegt ist, dafs wir sie als zweckmäfsig bestimmt betrachten können, ob die Erscheinungen nicht selbst auf eine Einheit ihres übersinnlichen Urgrundes mit dem moralischen Endzweck hinweisen. Ob es eine solche natürliche Zweckmäfsigkeit giebt, und in welcher Weise dieselbe nach der Richtschnur der kritischen Philosophie gedacht werden kann, diese Frage bildet das letzte Hauptproblem des Kriticismus: das Problem der Teleologie, das in der „Kritik der Urteilskraft" seine systematische Begründung findet.

---

[1]) Werke, VI, S. 432.
[2]) Ebenda, S. 427.

D. Das teleologische Problem.

I. Die vorbereitenden Betrachtungen.

1. Die Verwerfung des Hylozoismus.

Die Sittenlehre war in ihren letzten Ergebnissen zu einer gewissen Art der Vereinigung von Freiheit und Natur gelangt in der Weise, dafs der absolute Gegensatz zwischen diesen beiden Welten immer mehr zu schwinden begann. Von sich aus konnte sie in der Erörterung dieses Verhätnisses nicht weiter vordringen. Wenn nun die kritische Philosophie bei der Aufnahme ihres letzten Problems nach Anknüpfungspunkten auf den beiden bisher durchmessenen Gebieten sich umschaut, so bleibt noch die Möglichkeit offen, dafs inzwischen auch die Naturlehre, deren Forschungen wir seit den Anfängen der Sittenlehre aus den Augen verloren haben, von der entgegengesetzten Seite her über die Frage der natürlichen Zweckmäfsigkeit neues Licht verbreitet hätte.

Zunächst freilich scheint das Gegenteil stattzufinden; in den „metaphysischen Anfangsgründen der Naturwissenschaft" (aus dem Jahre 1786), die das kantische System der Naturphilosophie enthalten, lautet der dritte Lehrsatz: „Alle Veränderung der Materie hat eine äufsere Ursache".[1]) Derselbe gründet sich auf die Thatsache, dafs die Materie, da sie ein im Raum befindlicher Gegenstand der äufseren Anschauung ist, nur durch Bewegung Veränderungen erleiden kann. Dieses mechanische Gesetz, das wir das der Trägheit nennen, spricht den Grundsatz von der Leblosigkeit der Materie aus. Alle Materie als solche ist leblos; um durch lebendige Kräfte ihren Zustand zu verändern, müfste sie im Stande sein, sich aus einem inneren Prinzip zum Handeln zu bestimmen. Innere Prinzipien aber kennen wir nur in der Welt des Begehrens und Denkens; hier treten sie als Triebe und Vorstellungen auf, die als solche niemals Objekte für die äufsere Wahrnehmung werden können. Die Veränderung der Materie aus anderen als mechanischen Ursachen herleiten zu wollen, wäre Hylozoismus, das Gegenteil der wahren Naturwissenschaft und der „Tod aller Naturphilosophie".

---

[1]) Werke, IV. S. 439 flg.

Mit der Ablehnung des Hylozoismus ist die Teleologie aus der naturwissenschaftlichen Forschung völlig verbannt; es ist endgültig ausgesprochen, dafs die spekulative Vernunft zweckthätige Ursachen in der Natur nicht erkennen kann. Wenn wir nun Körper antreffen, die wir ohne natürliche Zwecke nicht zu erklären vermögen, so werden wir allerdings daran festhalten, dafs die teleologische Betrachtung derselben nicht als theoretische Erkenntnis gelten darf; falls diese Betrachtung sich aber als notwendig erweist, werden wir doch in ihr eine neue Art von Urteilen anerkennen müssen, die nur der richtigen Formulierung bedarf, um in unserer Auffassung der materiellen Welt den ihr gebührenden Rang einzunehmen. Solche Erscheinungen, denen die mechanische Erklärungsart ratlos gegenübersteht, giebt es in der That: es sind die lebendigen oder organischen Körper.

2. Die Beurteilung der organischen Körper vor der Vernunftkritik.

Kant's Ansichten über die Eigentümlichkeit der organischen Körper sind älter als seine kritischen Entdeckungen: bereits in der „allgemeinen Naturgeschichte und Theorie des Himmels", die uns in das erste Jahrzehnt seiner schriftstellerischen Thätigkeit zurückführt — sie erschien 1755 —, hat der Philosoph mit genialem Scharfblick dieses Problem erkannt und seine Schwierigkeit richtig gewürdigt. Die Schrift giebt sich uns ausdrücklich als eine Entwicklungsgeschichte der Körper nach mechanischen Ursachen und legt ein besonderes Gewicht auf die Thatsache, dafs sie die Zwecke aus ihren Annahmen durchweg ausschliefst. Einzig aus der Materie und ihrer Kraft wird die gesetzmäfsige Entstehung des Kosmos hergeleitet — ein kühner Versuch, der Kant zu dem Ausrufe begeisterte: „Gebet mir Materie, ich will eine Welt daraus bauen! Das ist, gebet mir Materie, ich will euch zeigen, wie eine Welt daraus entstehen soll."[1] Aber sofort macht er eine bedeutsame Ausnahme von diesem allgemeinen Prinzip im Hinblick auf die organischen Körper. Nicht einmal auf die geringsten Pflanzen oder Insekten dürfe die mechanische Naturerklärung Anwendung finden; es sei unmöglich zu zeigen, wie aus der Materie auch nur eine Raupe erzeugt werden könne. Hier müsse die Wissenschaft ihre Ohnmacht gegenüber der wahren inneren Or-

---
[1] Werke, I, S. 219 flg.

ganisation der Objekte und der in denselben vorhandenen Mannigfaltigkeit offen bekennen.

In der Schrift aus dem Jahre 1775 „von den verschiedenen Racen der Menschen"[1]) geht der Philosoph noch einen Schritt weiter, indem er seiner Anschauung über die zweckmäfsige Beschaffenheit der organischen Wesen eine positive Ausführung giebt. Er erklärt, dafs die schulmäfsige Naturbeschreibung mit ihrer Einteilung der Objekte nach Klassen eine künstliche sei, und fordert eine genetische Naturgeschichte, die sich auf die Abstammung der Objekte und deren Veränderungen im Laufe der Zeit richtet.[2]) Seine Abhandlung über die Racen liefert zu einer solchen Naturgeschichte einen Beitrag; wir geben ihre Grundzüge kurz wieder.

Die Einheit der Gattungen im Tierreich ist die Einheit der zeugenden Kraft, die für eine bestimmte Gruppe von Tieren durchgängig gilt: so gehören alle Menschen zur gleichen Naturgattung, weil sie mit einander fruchtbare Kinder zeugen, und auch zu einer Familie, sofern man annehmen darf, dafs sie auf einen einzigen Stamm zurückzuführen sind. Die erblichen Merkmale der Gattung heifsen Nachartungen, die Abweichungen innerhalb derselben Abartungen; wird die Stammbildung durch letztere unkenntlich gemacht, so entsteht die Ausartung. Unter den Abartungen der Tiere, die zu einem Stamm gehören, nennen wir diejenigen, die sich sowohl bei Verpflanzungen in fremde Landstriche beständig erhalten als auch in der Vermischung mit anderen Abartungen desselben Stammes jederzeit halbschlächtige Junge zeugen, Racen: von diesen sind wieder, je nach dem Grade der Anartung, Spielart und Menschenschlag unterschieden. Das Menschengeschlecht läfst sich in vier Racen einteilen, in die weifse, schwarze, hunnische und hindostanische; von ihnen kann man alle anderen als vermischte Racen ableiten.

Der philosophische Wert der Schrift beruht nun auf den Folgerungen, die Kant in dem Kapitel über „die unmittelbaren Ur-

---

[1]) Werke. II. S. 433—451.

[2] In § 4 der „physischen Geographie" wird die Forderung einer Naturgeschichte in gleichem Sinne wiederholt: „Die Systeme der Natur, die bisher erfafst sind, dürfte man richtiger wohl Aggregate der Natur nennen . . . . In den vorhandenen sogenannten Systemen der Art sind die Dinge blos zusammengestellt und zu einander geordnet." Werke, VIII. S. 155.

sachen des Ursprungs dieser verschiedenen Racen" [1]) aus seinen Ergebnissen zieht. Aus der Annahme einer Stammgattung, deren Abkömmlinge sich in allen Gegenden ausgebreitet und unter dem Einflusse der klimatischen Bedingungen in verschiedene Racen sich differenziert haben, gewinnt er die Überzeugung, dafs den Organismen ein Vermögen innewohnt, kraft dessen sie zur Anpassung an die Bedingungen der Luft und des Bodens in den verschiedenen Himmelsstrichen vorgebildet sind. Der Zufall oder allgemeine mechanische Gesetze sind nicht im Stande, eine solche Übereinstimmung zu erzielen. Mechanische Ursachen können keinen lebenden Körper hervorbringen; sie vermögen nicht, etwas zu bewirken, das sich von selber fortpflanzt. Luft, Sonne und Nahrung können einen tierischen Körper in seinem Wachstum modifizieren, aber diese Veränderung nicht zugleich mit einer zeugenden Kraft versehen, die sich auch ohne jene Einwirkungen äufsern kann. Es bleibt also nur übrig, in den organischen Körpern natürliche Anlagen zu behaupten, die sich unter dem Einflufs von äufseren Umständen, aber nichtsdestoweniger ihrer ursprünglichen inneren Bestimmung gemäfs entwickeln.

3. Die Schrift über die Racen aus dem Jahre 1785.

Das Thema, das Kant in seiner vorkritischen Abhandlung über die Racen ergriffen hatte, nahm er genau ein Jahrzehnt später in der Schrift „Bestimmung des Begriffs einer Menschenrace" von neuem auf. Damals hatte der Philosoph, wie wir wissen, die entscheidende That des Kriticismus bereits vollbracht und war auf Grund derselben mit der Darstellung seiner Moralphilosophie beschäftigt; es kann nicht Wunder nehmen, dafs er der Racenfrage jetzt auch eine ethische Seite abgewann. Wenn er dagegen protestiert, dafs die Klasse der Weifsen als besondere Art in der Menschengattung von der der Schwarzen unterschieden sei, und im Gegenteil betont, dafs es „gar keine verschiedenen Arten von Menschen" gebe, so ist damit ausgesprochen, dafs keinerlei Verschiedenheit der Menschen dazu angethan sei, die allgemeine Geltung der sittlichen Zwecke aufzuheben und die Idee eines gemeinsamen Fortschritts illusorisch zu machen.[2]) Hier liegt ein neuer

---
[1]) Werke. II, S. 440 flg.
[2]) Werke, IV, S. 425. Vgl. Fischer, Gesch. d. n. Phil., IV, S. 222 flg.

Fall vor, in welchem die Einrichtungen der Natur offenbar den Absichten der Vernunft entgegenkommen.

Im übrigen unterscheidet sich diese zweite Schrift von der ersten nur dadurch, dafs sie den Begriff der Race noch schärfer fafst — als den „Klassenunterschied der Tiere eines und desselben Stammes, sofern er unausbleiblich erblich ist"[1]) — und neue Beispiele für die vorgetragene Auffassung beibringt. Ihre Bedeutung verleiht ihr der Umstand, dafs Kant seine Ansicht von der zweckmäfsigen Organisation der lebendigen Körper auch nach der Vernunftkritik beibehält und so die früher festgestellte Ausnahme einer Gruppe der natürlichen Erscheinungen von dem Gesetze der mechanischen Kausalität nochmals bestätigt. Nach wie vor gilt ihm das Zweckmäfsige in einem Organismus als „der allgemeine Grund, woraus wir auf ursprünglich in die Natur eines Geschöpfs in dieser Absicht gelegte Zurüstung und, wenn dieser Zweck nur späterhin zu erreichen war, auf angeschaffne Keime schliefsen".[2])

Diese Ansicht war es, die den Widerspruch des Naturforschers Georg Forster (im deutschen Merkur, Oktober und November 1786) in erster Reihe hervorrief.[3]). Kant nahm die Polemik von seiner Seite auf und verfafste zur Entkräftung von Forster's Ausführungen 1787 für die gleiche Zeitschrift den Aufsatz „über den Gebrauch teleologischer Prinzipien in der Philosophie", der im folgenden Jahre veröffentlicht wurde. Derselbe enthält nichts anderes, als das mit knappen Strichen skizzierte Programm für den teleologischen Teil der „Kritik der Urteilskraft", deren Grundzüge bereits damals in dem Geiste des Philosophen zu reifen begannen.

4. Die Formulierung des Themas in der Polemik gegen Forster.

Drei Punkte waren es vorzüglich, auf die Forster's Einwürfe zielten. Zunächst bestritt er Kant die Berechtigung, vier Racenunterschiede anzunehmen; er selbst will nur zwei Racen anerkennen, die Neger und alle übrigen Menschen. Kant erklärt diese Differenz für keine prinzipielle, da sie nicht die Naturgeschichte, sondern nur die Naturbeobachtung und -Beschreibung

---

[1]) Werke, IV, S. 226.
[2]) Ebenda, S. 228.
[3]) Ebenda, S. 473.

angehe: aber er erhält seine frühere Ansicht aufrecht mit Berufung auf das Beispiel der Zigeuner, die während der zwölf Generationen, seit denen sie sich nachweisbar in Europa aufhalten, ihre Sprache und ihre Hautfarbe hartnäckig beibehalten haben, was die Existenz einer indischen Rasse bezeugt. Sodann hält es Forster für nötig, zwei ursprüngliche Stämme anzunehmen. Auch hier bleibt Kant bei seiner Meinung, wonach sich sämtliche Racen auf einen Urstamm zurückführen lassen. In seinen Augen ist diese Hypothese „der philosophischen Erklärungsart angemessener", sie hat überdies den Vorzug, dafs sie die Voraussetzung verschiedener Lokalschöpfungen erspart.[1]) Aufserdem müfste, wenn der Einflufs des Klimas allein die Beschaffenheit der Bewohner bedingte, sich an allen denjenigen Orten der Erde die gleiche Race finden, wo die nämlichen natürlichen Einwirkungen mafsgebend sind; dem widerspricht aber der Umstand, dafs die Racen nicht in sporadischer, sondern in cykladischer Verteilung angetroffen werden.

Sind aber aus den klimatischen Unterschieden die Raceneigentümlichkeiten nicht herzuleiten, so bleibt nur der von Kant genommene Ausweg, „lediglich dem Prinzip der Zwecke zu folgen" und in einer zweckmäfsigen Organisation der Menschen die Erklärung dafür zu erblicken, dafs durch Anartung an die verschiedenen Himmelsstriche Racen haben entstehen können. Das aber ist der dritte und gewichtigste Streitpunkt zwischen Kant und Forster; seine tiefgreifende Bedeutung erhält derselbe dadurch, dafs er nicht nur die Entstehung der Racen, sondern den Ursprung des Lebens in der Natur überhaupt betrifft. Kant seinerseits gesteht, dafs er zwar alle Organisation von organischen Wesen durch Zeugung und die späteren Formen derselben nach Gesetzen der allmäligen Entwicklung aus ursprünglichen Anlagen abzuleiten vermöge; die Frage jedoch, wie der Urstamm und mit ihm die Organismen selbst entstanden seien, liege aufserhalb „aller den Menschen möglichen Physik" und sei vom kritischen Standpunkte nicht zu beantworten.

Wie stellt sich nun Forster zu dieser Frage? Er versucht zu erweisen, dafs die organischen Wesen auf mechanischem Wege entstanden seien, in etwa folgender Weise: „Die kreisende Erde, welche Tiere und Pflanzen ohne Zeugung von ihres Gleichen, aus ihrem reichen, vom Meeresschlamme befruchteten Mutterschofse

---

[1]) Werke, IV, S. 481 flg. Vgl. Fischer, a. a. O., S. 229 flg.

entspringen liefs, die darauf gegründeten Localzeugungen organischer Gattungen, da Afrika seine Menschen (die Neger), Asien die seinigen (alle übrigen) hervorbrachte, die davon abgeleitete Verwandtschaft aller in einer unmerklichen Abstufung vom Menschen zum Wallfische und so weiter hinab (vermutlich bis zu Moosen und Flechten, nicht blos im Vergleichungssystem, sondern im Erziehungssystem aus gemeinschaftlichem Stamme) gehende Naturkette organischer Wesen u. s. w."[1]) Er nimmt also an, dafs in der Materie selbst innere Zwecke oder Grundkräfte vorhanden sind, die den organischen Wesen als Ursachen zu Grunde liegen. Diese Hypothese bezeichnet Kant als eine grenzenlose Einbildung, durch welche die Naturwissenschaft von dem fruchtbaren Boden der Forschung in die Wüste der Metaphysik sich verirre; ironisch bemerkt er, dafs Herr Forster wohl nur einem Hypermetaphysiker Stoff für dessen Phantasie habe geben wollen. Und nun führt er den Beweis.

Unter einem organischen Wesen verstehen wir einen Körper, dessen Einrichtung wir uns nur erklären können, wenn wir alle in ihm enthaltenen Teile als Zweck und Mittel auf einander beziehen. Eine Grundkraft, die eine Organisation hervorbringt, müfsten wir uns also derart vorstellen, dafs sie nach Zwecken wirkte und ihre Wirkungen nur durch diese Zweckvorstellung möglich wären. Dergleichen zweckthätige Kräfte kennen wir aber durch Erfahrung nur in uns selbst, in unserem Verstande und unserem Willen: in letzterem bedeuten sie das Vermögen, etwas gemäfs einer Idee, die Zweck genannt wird, hervorzubringen. Unabhängig von aller Erfahrung können wir uns keine Grundkräfte denken von der Art derjenigen Forster's, die in einem organischen Wesen blind wirken müfsten, ohne ihren Bestimmungsgrund in einer Idee zu haben. Demgemäfs ist der Begriff von einem Vermögen der Materie, das — als eine Grundkraft, von der die Erfahrung niemals ein Beispiel giebt — aus sich selbst heraus zweckmäfsig wirken soll, völlig erdichtet und leer. Aus zweckthätigen Ursachen dürfen wir also die Entstehung der organischen Körper nicht erklären; aus mechanischen Ursachen aber können wir dieselbe nicht herleiten. Daraus folgt, dafs die Entstehung der lebenden Körper für uns überhaupt ein ewiges Rätsel bleibt; jeder Versuch, mit den Mitteln unserer Erkenntnis dieses Problem

---

[1]) Werke, IV, S. 491 flg.

ergründen zu wollen, ist von vornherein hinfällig und charakterisiert sich als eine Überschreitung der Grenzen unserer Erfahrung, als ein Mifsbrauch der teleologischen Prinzipien. Deshalb kann es sich bei der **berechtigten Anwendung** der Teleologie niemals um Naturerkenntnis, sondern nur um Naturbetrachtung handeln, die sich stets in dem Kreise der empirisch gegebenen Erscheinungen bewegen mufs. Die zweckmäfsige Naturbetrachtung tritt als regulatives Prinzip überall da ein, wo die Theorie der mechanischen Kausalität uns im Stiche läfst. Daher will sie nichts in der Natur erklären — denn „wir bleiben immer unwissend in Ansehung der wirkenden Ursachen, wenn wir gleich die Angemessenheit unserer Voraussetzung mit Endursachen noch so einleuchtend machen können" [1] —, sondern einem wenn auch subjektiven, so doch notwendigen Bedürfnis der menschlichen Vernunft Genüge leisten, welche für die ihr in der Erfahrung entgegentretenden zweckmäfsigen Organisationen zweckthätige Ursachen behaupten mufs.

Mit diesen Ausführungen sind wir an die Schwelle des letzten Hauptwerkes der kritischen Philosophie gelangt. Hier weist dieselbe deutlich auf den Kanon und die Architektonik der reinen Vernunft zurück; jetzt erst ist klar ausgesprochen, warum die Vernunftkritik die Absonderung der moralischen Zwecke von den natürlichen vornehmen mufste. Die reale Geltung — und demgemäfs die Erkennbarkeit — der Zwecke erstreckt sich nur auf die sittliche Welt, nie auf die materielle. Darin besteht der generelle Unterschied zwischen moralischer und natürlicher Teleologie, dafs die erstere eine objektive, die letztere nur eine subjektive Anwendung gestattet. In der Vernunftkritik entsprangen die drei subjektiven Gesetze der zweckmäfsigen Naturbetrachtung dem Bestreben der Vernunft, nach Möglichkeit ihre Erkenntnisse zu einem systematisch gegliederten Ganzen zu vervollständigen; die Polemik gegen Forster hat gezeigt, dafs der Gebrauch teleologischer Prinzipien (in der festgestellten Begrenzung) aufserdem durch die Erfahrung selbst geboten wird, als Maxime der Reflexion zur Beurteilung der organischen Welt. So tritt mit dieser Schrift die Teleologie ebenbürtig neben die theoretische und die praktische Philosophie mit dem Berufe, als vermittelndes Prinzip den Zwiespalt zwischen Natur und Freiheit, zwischen Mechanismus und

---

[1] Ebenda, S. 471.

Endzweck aufzuheben und damit die Einheit des ganzen kritischen Vernunftsystems zu besiegeln.

II. Das Problem der Teleologie.

1. Äufsere Zeugnisse zur Entstehung der Kritik der Urteilskraft.

Obwohl Kant erst durch das Medium der Teleologie zur Ästhetik gelangte, so erblickte er doch, als er die Kritik der Urteilskraft in Angriff zu nehmen begann, sogleich in der Begründung der letzteren die eigentliche Aufgabe und den wichtigeren Teil seines Werkes. Wie sich diese Auffassung in ihm festsetzte, finden wir in dem Werke selbst eingehend dargelegt; bevor wir uns mit diesen Ausführungen beschäftigen, wollen wir zunächst die äufseren Zeugnisse anführen, aus denen erhellt, dafs Kant seit 1787 die Ästhetik als letztes Hauptgebiet für die Arbeit der kritischen Philosophie vorschwebte.[1]

Die erste Erwähnung des Planes treffen wir in einem Briefe an Professor Schütz, geschrieben am 25. Juni 1787.[2] In diesem bemerkt der Philosoph kurz, dafs er „alsbald zur Grundlage der Kritik des Geschmacks gehen" werde. Über den inneren Zusammenhang, in dem dieser Entschlufs mit seinen früheren Untersuchungen steht, verlautet nichts.

Genaueren Aufschlufs gewährt ein Brief vom 18. Dezember 1787 an den Jenenser Professor Karl Leonhard Reinhold. Das Datum erinnert unwillkürlich an jene Schrift über die teleologischen Prinzipien gegen Forster, durch deren Zusendung der Brief in der That veranlafst ist. In demselben heifst es: „Ich beschäftige mich jetzt mit einer Kritik des Geschmacks, bei welcher Gelegenheit eine andere Art von Prinzipien a priori entdeckt wird, als die bisherigen. Denn die Vermögen des Gemüts sind drei: Erkenntnisvermögen, Gefühl der Lust und Unlust, und Begehrungsvermögen. Für das erste habe ich in der Kritik der reinen (theoretischen), für das dritte in der Kritik der praktischen Vernunft Prinzipien a priori gefunden. Ich suchte sie auch für das zweite, und ob ich es zwar sonst für unmöglich hielt, dergleichen zu finden, so brachte das Systematische, das die Zergliederung der vorher

---

[1] Vgl. Fischer, Gesch. d. n. Phil., IV, S. 409 flg.
[2] Werke. VIII, S. 735. Über die falsche Datierung: „25. Januar 1787", vgl. Fischer, a. a. O., S. 411.

betrachteten Vermögen mich im menschlichen Gemüte hatte entdecken lassen, und welches zu bewundern und, wo möglich, zu ergründen, mir noch Stoff genug für den Überrest meines Lebens an die Hand geben wird, mich doch auf diesen Weg, so dafs ich jetzt drei Teile der Philosophie erkenne, deren jede ihre Prinzipien a priori hat, die man abzählen und den Umfang der auf solche Arten möglichen Erkenntnis sicher bestimmen kann; — theoretische Philosophie, Teleologie und praktische Philosophie, von denen freilich die mittlere als die ärmste an Bestimmungsgründen a priori befunden wird."[1]) Bemerkenswert und für die innere Geschichte des Werkes lehrreich ist in diesen Sätzen das Geständnis, dafs der Philosoph durch die von ihm vorgefundene Einteilung der Gemütskräfte bewogen wurde, in dem Lustgefühl das der natürlichen Zweckmäfsigkeit entsprechende Seelenvermögen zu vermuten.

Die Wiederaufnahme des teleologischen Problems, die zugleich eine Umwandlung in dem Titel des neuen Werkes herbeiführt, meldet erst ein Brief vom 12. Mai 1789, der wiederum an Reinhold gerichtet ist. Kant verheifst darin dem Freunde das baldige Erscheinen seiner „Kritik der Urteilskraft, von der die Kritik des Geschmacks ein Teil ist."[2]) Nunmehr stehen die Grundzüge offenbar so fest, wie sie uns jetzt in dem abgeschlossenen Werke entgegentreten; die Teilung der reflektierenden Urteilskraft in die ästhetische und die teleologische ist eine vollendete Thatsache.

Wenn man in die Entstehungsgeschichte der Kritik der Urteilskraft eindringen will, haben jedoch die beiden Einleitungen zu derselben, die uns überliefert sind, einen ungleich höheren Wert als die Briefe. Sie sind gleichsam Rechenschaftsberichte, in denen Kant sich die bisherigen Leistungen des Kriticismus in grofsen Zügen vergegenwärtigt, um mit Hilfe dieses Überblicks einleuchtend zu machen, dafs ihm mit dem letzten grofsen kritischen Probleme auch der Weg zu dessen Lösung durch seine früheren Resultate unfehlbar vorgezeichnet sei. Die Einleitungen gehören ihrem Inhalt nach bereits zu dem Werke selbst; nur die Feststellung des Verhältnisses beider zu einander fällt unter die Frage der äufseren Entstehung des Werkes. Nun giebt uns über diejenige Einleitung, die erst 1794 von Johann Sigismund

---

[1]) Werke, III, S. 739 flg.
[2]) Ebenda, S. 749.

Beck als eigene Schrift auszugsweise veröffentlicht wurde,¹) die Vorbemerkung des Herausgebers genügende Auskunft: „Während der Ausarbeitung hatte Herr Prof. Kant die Güte, mir ein Manuscript zuzuschicken, welches eine Einleitung in die Kritik der Urteilskraft enthielt, die er ehedem zu seinem Werke bestimmt und nur ihrer Stärke wegen verworfen hatte."²) Aus diesen Worten ersehen wir, dafs uns in dem Auszuge von Beck die ursprüngliche Fassung vorliegt: aus ihr ist die gegenwärtige Einleitung erst durch knappere Zusammenziehung der behandelten Punkte hervorgegangen.³) während sich sonst die Ausführungen beider in der Hauptsache decken. Zeichnet sich die zweite Einleitung durch eine formell gröfsere Abrundung und präzisere Hervorhebung des Wesentlichen aus, so hat die erste den Vorzug, dafs sie auf die Voraussetzungen, welche die Teleologie mit der theoretischen Philosophie verknüpfen, nachdrücklicher aufmerksam macht, so dafs man sie für das Verständnis der allmäligen Entwicklung des teleologischen Problems am besten zu Rate ziehen kann.

Unsere Ausführungen stützen sich im folgenden gleichmäfsig auf beide Einleitungen. Da Kant mit den letzteren den Zweck verfolgte, über das noch zu durchmessende Gebiet den Leser zu orientieren, so enthalten dieselben bereits den Grundrifs für die Kritik der Urteilskraft selbst. Mit dem Schlusse der Einleitungen werden wir daher den Punkt erreicht haben, an dem wir die Entstehung der kantischen Ästhetik als abgeschlossen betrachten und den Beginn der Erörterungen der einzelnen für die Ästhetik in Betracht kommenden Fragen verzeichnen können.

2. Die Vereinigung von Natur und Freiheit.

In der Kritik der Urteilskraft selbst ist der erste Teil der Ästhetik gewidmet, während die Teleologie an zweiter Stelle folgt. Die Einleitung dagegen, der es darum zu thun ist, den Zusammen-

---

[1] Unter dem Titel: „Anmerkungen zur Einleitung in die Kritik der Urteilskraft". Bei Hartenstein ist der Aufsatz überschrieben: „Über Philosophie überhaupt zur Einleitung in die Kritik der Urteilskraft." Werke, VI, S. 373—404.

[2] Ebenda, S. 374.

[3] Es sei gestattet, auch den von Fischer geltend gemachten Gesichtspunkt zur Bestätigung heranzuziehen: „Eine solche vortreffliche Einleitung schreibt oder redigirt man am besten nach vollendetem Werk." A. a. O., S. 413.

hang ihres Themas mit den anderen kritischen Grundfragen zu betonen, unterzieht zunächst das teleologische Problem einer prinzipiellen Untersuchung und stellt erst hierauf die Unterscheidung zwischen teleologischer und ästhetischer Urteilskraft fest. Wie nach dem Gange der kritischen Philosophie nicht anders zu erwarten, nimmt die Erörterung ihren Ausgang von dem Verhältnis der theoretischen Philosophie zur praktischen, genauer gesagt: von der zwischen Natur und Freiheit bestehenden Kluft, die zwar an einzelnen Stellen zu überbrücken gesucht, aber in ihrer ganzen Tiefe keineswegs ausgefüllt ist. Es handelt sich darum, Naturgesetze und sittliche Zwecke unter einem höheren Gesichtspunkte zu vereinigen. Durch den Primat der praktischen Vernunft hat sich nun die Stellung beider so gestaltet, daſs auf jeden Fall die Natur der Freiheit untergeordnet bleibt. Während das Sinnliche auf das Übersinnliche niemals Einfluſs gewinnen kann, so soll doch der Freiheitsbegriff den durch seine Gesetze aufgegebenen Zweck in der Sinnenwelt verwirklichen. Folglich muſs die Natur so gedacht werden können, daſs sie die Wirksamkeit der Zwecke auf ihrem Gebiete ermöglicht. „Es muſs doch," sagt Kant, „einen Grund der Einheit des Übersinnlichen, welches der Natur zu Grunde liegt, mit dem, was der Freiheitsbegriff praktisch enthält, geben, wovon der Begriff, wenn er gleich weder theoretisch noch praktisch zu einem Erkenntnisse desselben gelangt, mithin kein eigentümliches Gebiet hat, dennoch den Übergang von der Denkungsart nach den Prinzipien der einen zu der nach den Prinzipien der anderen möglich macht."[1]) In diesen Worten ist ein Gedanke von ungeheurer Tragweite ausgesprochen: wenn wir dieselben mit einem anderen Satze der Kritik der Urteilskraft zusammenhalten, wonach „das gemeinschaftliche Prinzip der mechanischen und der teleologischen Ableitung das Übersinnliche ist, welches wir der Natur als Phänomen unterlegen müssen,"[2]) so heiſst das nichts anderes, als daſs die gesamte Welt der Erscheinungen, der natürlichen wie der sittlichen, als Offenbarung des intelligiblen Charakters zu gelten hat, wie die dritte Antinomie ihn gelehrt hat. Hiermit stimmen mehrere wichtige Sätze der Vernunftkritik überein, die Fischer in der „Kritik der kantischen Philosophie"[3]) ans Licht gezogen hat.

---
[1]) Kritik der Urteilskraft, Einleitung VI; Werke, V. S. 182.
[2]) Ebenda, S. 435; § 78.
[3]) S. 93 flg.

Aber eben weil wir nach der Organisation unserer Vernunft von einer solchen Identität weder theoretische noch praktische Erkenntnis gewinnen können, muſs vom Standpunkte des Kriticismus sofort die Einschränkung erfolgen, daſs diese Einheit zwar denkbar, aber in keiner Weise erkennbar ist. Wenn wir trotzdem genötigt sind, Zwecke in der Natur anzunehmen, so kann dieser Begriff einer natürlichen Zweckmäſsigkeit nur nach Maſsgabe der menschlichen Vernunft, „nach einer Analogie mit der praktischen Zweckmäſsigkeit" vorgestellt werden, d. h. er bleibt stets eine subjektive Betrachtungsweise unserer Vernunft.

3. Die reflektierende Urteilskraft und das Prinzip der natürlichen Zweckmäſsigkeit.

Fragen wir, welches Erkenntnisvermögen dem Prinzip der natürlichen Zweckmäſsigkeit entspricht, so dürfen wir ohne weiteres die negative Antwort geben, daſs dieses Vermögen der Verstand nicht sein kann. Die Urteile desselben haben den Beruf, nach einer festen Regel, die durch die allgemeinen Naturgesetze gegeben ist, den besonderen Fall dem allgemeinen Begriff unterzuordnen, diesen Begriff durch jenen Fall zu bestimmen. Nun ist jedoch, wenn wir ein Objekt als zweckmäſsig beurteilen, nur der einzelne Fall gegeben, nicht aber die Regel, unter die wir ihn subsumieren sollen: denn die theoretische Erkenntnis erstreckt sich nur auf das Gebiet der empirischen Erscheinungen, während die Welt der Zwecke jenseits ihrer Grenzen liegt. Demnach ist die Urteilskraft, die jene Subsumtion der Natur unter die Freiheit vollzieht, nicht die bestimmende, sondern die reflektierende.

Der reflektierenden Urteilskraft also fällt die Aufgabe zu, die Natur als zweckthätig vorzustellen. Wir erinnern uns, daſs dieser Gedanke bereits in der Vernunftkritik auftauchte, wo er in den drei Naturgesetzen der Homogeneität, Spezifikation und Kontinuität seinen vorläufigen Ausdruck fand. Was damals nur gelegentlich berührt wurde, kehrt jetzt als kritisches Problem wieder, das seine systematische Begründung erhalten soll. Wenn wir natürliche Zweckmäſsigkeit annehmen, so betrachten wir die Natur so, als ob in ihr eine Vernunft gleich der unsrigen — gleichsam „zu Gunsten" derselben — wirke.[1]) Durch diese Weltvernunft, die,

---

[1]) „Denn zweckmäſsig nennen wir dasjenige, dessen Dasein eine Vorstellung desselben Dinges vorauszusetzen scheint." Über Philosophie überhaupt etc.; Werke. VI. S. 385.

von den allgemeinsten Begriffen anfangend, zu den besonderen durch vollständige Einteilung und Gliederung allmälig hinabsteigt, wird die Natur zu einem logischen System „der Mannigfaltigkeit unter empirischen Gesetzen" qualifiziert,[1]) so dafs wir den unendlichen Reichtum der Erscheinungen als in vernunftgemäfser Ordnung befindlich betrachten können. Die reflektierende Urteilskraft setzt bei ihrer Thätigkeit diese Übereinstimmung der natürlichen Erscheinungen mit dem menschlichen Erkenntnisvermögen voraus: „Die gedachte Übereinstimmung der Natur in der Mannigfaltigkeit ihrer besonderen Gesetze zu unserem Bedürfnisse, Allgemeinheit der Prinzipien für sie aufzufinden, mufs nach aller unserer Einsicht als zufällig beurteilt werden, gleichwohl aber doch für unser Verstandesbedürfnis als unentbehrlich, mithin als Zweckmäfsigkeit, wodurch die Natur mit unserer, aber nur auf Erkenntnis gerichteten Absicht übereinstimmt."[2])

Somit macht die Vernunft für sich selbst durch ein „heautonomes" Verfahren[3]) die Technik der Natur zu einem Reflexionsprinzip, ohne für dieses eine objektive Geltung in Anspruch zu nehmen. Dieses Prinzip aber, auf eine Formel gebracht, bedeutet nichts anderes als jenes Gesetz der Spezifikation der Natur, durch das wir unmittelbar auf die transscendentale Dialektik zurückverwiesen sind. Dafs die Natur ihre Erscheinungen ins Unabsehbare spezifiziert und fortdauernd in Arten und Unterarten differenziert, darin besteht das Prinzip der natürlichen Zweckmäfsigkeit, dessen die reflektierende Urteilskraft sich bedient. In diesem Sinne braucht Kant folgende sechs Ausdrücke als gleichwertig[4]): System aller Erfahrung, Natursystem, Naturgesetz der Spezifikation, spezifische Gesetzmäfsigkeit der Natur, natürliche Zweckmäfsigkeit, Übereinstimmung oder Angemessenheit der Natur mit unserem Erkenntnis- oder Urteilsvermögen. So erweist sich die Teleologie als regulatives Prinzip für die Urteilskraft, welchem, weil es eine bestimmte Klasse von Erfahrungsurteilen bedingt und ermöglicht, ein transscendentaler Charakter zugesprochen werden mufs: „Man will nur, dafs man .... nach jenem Prinzip und den sich darauf gründenden Maximen ihren (der Natur) empirischen Gesetzen nachspüren müsse, weil wir nur so weit, als jenes stattfindet, mit dem

---

[1]) Ebenda, S. 384.
[2]) Krit. d. Urt., Einleitung VI. Werke, V, S. 193
[3]) Ebenda, S. 192.
[4]) Vgl. Fischer, Gesch. d. neuern Philos., IV. S. 405

Gebrauche unseres Verstandes in der Erfahrung fortkommen und Erkenntnis erwerben können." [1])

Auch ist es nach der Schrift gegen Forster nicht mehr zweifelhaft, auf welche Erfahrungsobjekte die teleologische Betrachtungsweise ihre Anwendung findet. Es ist die spezifische Bildung der Erscheinungen, vor allem die Einrichtung der organischen Körper, zu deren Verständnis die mechanische Naturerklärung nicht ausreicht, da diese nur die allgemeinen Gesetze des natürlichen Geschehens zu bestimmen vermag. Hier setzt die reflektierende Urteilskraft ein; sie nimmt a priori an, daſs dasjenige, was an den Erfahrungsobjekten den Grundsätzen des reinen Verstandes „zufällig" erscheint, eine für uns immerhin denkbare „gesetzliche Einheit in der Verbindung des Mannigfaltigen" enthalte.[2])

4. Die Grundzüge des Systems der Teleologie.

Zum Schlusse sei in kurzen Umrissen noch andeutungsweise ein Bild davon entworfen, wie die „Kritik der Urteilskraft" in ihren systematischen Ausführungen das teleologische Urteil in Ansehung seines Gebietes und seiner Grenzen analysiert und deduciert. Sie definiert zunächst die teleologische Zweckmäſsigkeit im Unterschiede von der ästhetischen — wir müssen nachher auf diesen Punkt zurückkommen — als die objektive, womit sie natürlich nicht die früher gemachte Einschränkung aufheben, sondern nur ausdrücken will, daſs wir die spezifische Bildung der Körper in Beziehung auf ihr eigenes Dasein als zweckmäſsig beurteilen. Die „Analytik der teleologischen Urteilskraft" geht nun an ihr Geschäft, diese objektive Zweckmäſsigkeit vor jeglicher Verkennung zu schützen und in ihrer Eigenart aufzuzeigen. Sie muſs zunächst als objektiv-materiale Zweckmäſsigkeit unterschieden werden von der objektiv-formalen, wie sie in der Konstruktion mathematischer Körper uns entgegentritt. Aber auch mit der äuſseren Zweckmäſsigkeit, die nur die Nutzbarkeit und Zuträglichkeit der Erscheinungen für andere Sinnenwesen betrifft und darum blos relative Geltung hat, darf sie nicht verwechselt werden; sie ist innere Zweckmäſsigkeit, die von uns verlangt, daſs wir „etwas, das wir als Naturprodukt erkennen, gleichwohl auch als Zweck,

---

[1]) Werke. V. S. 192.
[2]) Ebenda. S. 190.

mithin als Naturzweck beurteilen", [1]) wie dies z. B. in Rücksicht der Erzeugung und des Wachstums eines Baumes und seiner Teile nötig ist. Mithin nennen wir ein Naturprodukt zweckmäfsig, dessen Teile nur durch Beziehung aufs Ganze und zwar wechselseitig als Ursache und Wirkung möglich sind. Diese Bedingungen erfüllen die organisierten und sich selbst organisierenden Wesen, auf die demnach die Bezeichnung „Naturzwecke" zutrifft.

Auf letztere erstreckt sich die teleologische Urteilskraft im ganzen Bereiche der Erfahrung als Maxime der Betrachtung. Innerhalb der so gezogenen Grenzen herrscht sie mit unangefochtener Machtvollkommenheit; so lange sie sich begnügt, die natürlichen Zwecke als ein Ergebnis der Reflexion hinzustellen und allein für empirische Thatsachen zu behaupten, kommt sie der mechanischen Naturerklärung nicht ins Gehege und kann mit vollem Recht neben ihr bestehen, ohne dafs ein Konflikt zwischen beiden und mit ihm eine „Antinomie der Urteilskraft" eintritt. Hiermit löst der Kriticismus den alten Widerstreit, der bis dahin zwischen wirkenden und Endursachen, zwischen Mechanismus und Teleologie bestanden hatte.

Dafs wir aber den mechanischen Ursprung der organischen Körper nicht zu erkennen vermögen und darum die Maxime der natürlichen Zweckmäfsigkeit bei unserer Naturbetrachtung zu Hülfe nehmen müssen, hierfür liegt der Grund in der Einrichtung des menschlichen Verstandes. An dieser Stelle beruft sich die Kritik der Urteilskraft auf die entscheidenden Untersuchungen, die der kritischen Philosophie die Bahn gebrochen haben, und knüpft so das Ende wieder an den Anfang, die Dialektik der teleologischen Urteile an die transscendentale Ästhetik. Hätten wir einen anschauenden oder intuitiven Verstand, so würde uns mit dem Begriffe eines Dinges zugleich die Anschauung desselben gegeben sein. Aber unser Verstand ist nun einmal nicht intuitiv, sondern diskursiv; er kann die Bestimmung einer besonderen empirischen Anschauung nur von der Subsumtion derselben unter einen allgemeinen Begriff erwarten. Dafs ein Ganzes vor den Teilen gegeben sei, kann er sich zwar vorstellen, aber nicht erklären, da er, rücksichtlich seiner Erfahrung in Raum und Zeit gebannt, jedes ihm gegebene Ganze nur als aus der mechanischen Zusammensetzung der einzelnen Teile entstanden aufzufassen vermag: „Nach

---

[1]) Krit. d. Urt., § 61; Werke, V. S. 383.

der Beschaffenheit unseres Verstandes ist ein reales Ganze der Natur nur als Wirkung der concurrirenden bewegenden Kräfte der Teile anzusehen."[1]) Da nun ein reales Ganze nur aus der Aneinanderfügung der Teile hervorgehen kann, muſs das Ganze, das den Teilen vorhergeht, ideal sein.

Daraus erklärt sich, warum der mechanische Ursprung des Lebens dem menschlichen Verstande niemals einleuchten kann, während wir uns sehr wohl einen intuitiven Verstand denken können, in dem die mechanische und die teleologische Betrachtung zusammenfallen, weil er selbst der schöpferisch erzeugende Urgrund der natürlichen Erscheinungen ist. Zugleich ist hierdurch kritisch begründet, daſs die natürliche Zweckmäſsigkeit, vermöge deren wir die Ursache als durch die Vorstellung der Wirkung bestimmt annehmen, ein Prinzip nicht der Erkenntnis, sondern nur der Betrachtung sein darf und nicht mit der bestimmenden, sondern mit der reflektierenden Urteilskraft zusammenhängt.

E. Die Unterscheidung der Ästhetik von der Teleologie und ihre Einfügung in das Vernunftsystem.

Die Frage nach der Entstehung der kantischen Ästhetik ist auf der letzten Stufe angekommen. Die Untersuchung dreht sich jetzt um den Punkt, wie aus dem teleologischen Urteil das ästhetische durch Unterscheidung hervorgeht und zu seiner eigentümlichen Bedeutung sich entwickelt.

In der Fassung, wie das ästhetische Problem in den Einleitungen zur Kritik der Urteilskraft auftritt, vereinigen sich zwei Gesichtspunkte. Den einen derselben, der dem Hange zur architektonischen Vollendung des Systems entsprang und demgemäſs mehr äuſserlicher Natur war, trafen wir in dem vorhin erwähnten Briefe vom Dezember 1787 an Reinhold an. Nicht nur stellt Kant hier zum ersten Male die mit einander korrespondierenden Erkenntnisvermögen und Gemütskräfte derart in Parallele, daſs das Gefühl der Lust und die reflektierende Urteilskraft einander ebenso entsprechen, wie Erkennen und Verstand, wie Begehren und Vernunft; zum Überfluſs bekennt er noch mit besonderem Nachdruck, daſs er, „wenn er bisweilen die Methode der Unter-

---

[1]) Ebenda, § 77; S. 420.

suchung über einen Gegenstand nicht recht anzustellen wisse, nur nach jener allgemeinen Verzeichnung der Elemente der Erkenntnis und der dazu gehörigen Gemütskräfte zurücksehen dürfe, um Aufschlüsse zu bekommen, deren er nicht gewärtig war".[1]) Diese Parallele findet sich auch in den Einleitungen, wo an der Hand derselben geradezu die Vermutung aufgestellt wird, daſs die reflektierende Urteilskraft in ihrer transscendentalen Verbindung mit dem Lustgefühl den erstrebten Übergang von der Natur zur Freiheit bewirken werde.[2])

Auſserdem aber war Kant auch im Laufe seiner teleologischen Forschungen dazu gelangt, das Gefühl der Lust mit dem Prinzip der natürlichen Zweckmäſsigkeit in Zusammenhang zu bringen, wie er denn einen (den sechsten) Abschnitt seiner Einleitung „von der Verbindung des Gefühls der Lust mit dem Begriffe der Zweckmäſsigkeit der Natur" betitelt. Er fand nämlich, daſs wir uns erfreut fühlen, wenn wir einen Gegenstand als zweckmäſsig betrachten, „als ob es ein glücklicher, unsere Absicht begünstigender Zufall wäre".[3]) Wir müssen für gewöhnlich zufrieden sein, die Reihe der empirischen Erscheinungen nach den Grundsätzen des Verstandes zu verknüpfen, ohne sie auf ein Prinzip zurückführen zu können; aber wir hören es lieber, wenn uns die Hoffnung auf eine Einheit in der Mannigfaltigkeit gelassen wird: die Vereinbarkeit mehrerer heterogener Gegenstände unter einem sie umfassenden Prinzip erzeugt ein merkliches Gefühl der Lust.[4]) Auf diese Weise fällt das architektonische Bedürfnis mit der inneren Entwicklung zusammen, welche die kantische Teleologie nimmt; zugleich sieht sich der Philosoph jetzt der Aufgabe gegenüber, das Geschmacksurteil als das eigentlich mittlere Vermögen zwischen Verstand und Vernunft abzuleiten.

Um diese vermittelnde Stellung gerade der ästhetischen Urteilskraft zu erleuchten, muſs der Philosoph sie von der teleologischen unterscheiden und den Nachweis führen, daſs der letzteren jene Stellung nicht in vollem Maſse gebühre. Die Gründe dafür erhellen aus dem, was seither über das Prinzip der natürlichen Zweckmäſsigkeit festgestellt worden ist. Soll dasselbe seinen

---

[1]) Werke, VIII. S. 739.
[2]) Einleitung III; Werke V. S. 185. Vgl. über Philosophie überhaupt etc.; Werke, VI. S. 380.
[3]) Werke, V. S. 190.
[2]) Ebenda, S. 194.

Charakter als Maxime der Reflexion im strengsten Sinne bewahren, so muſs es durchaus subjektiv bleiben und allein in Beziehung auf uns und unsere Bedürfnisse seine Wirksamkeit äuſsern, ohne den Schein zu erwecken, als wolle es über den Charakter der Erscheinungen selbst etwas ausmachen: „Wenn Verstand und Vernunft ihre Vorstellungen auf Objekte beziehen, um Begriffe davon zu bekommen, bezieht die Urteilskraft sich lediglich aufs Subjekt und bringt für sich allein keine Begriffe von Gegenständen hervor."[1]) Es leuchtet sogleich ein, daſs die teleologische Urteilskraft dieser Anforderung nicht völlig genügt. Sie legt der Natur einen zweckthätigen Verstand unter und betrachtet die Objekte so, als ob dieser Verstand in ihrem Dasein sich offenbare: sie tritt also mit einem bestimmten Zweckbegriff an einen Gegenstand heran und urteilt, daſs die Einrichtung desselben mit diesem Begriffe übereinstimme, „in welchem Falle dieses Produkt als Naturzweck vorgestellt wird".[2]) Hierdurch nehmen die natürlichen Zwecke, wenn auch nur innerhalb des fest gezogenen Rahmens der **reflektierenden** Betrachtung, den Schein an, als seien sie in Ansehung ihrer Existenz real und objektiv. In Folge dieses logischen Verhaltens aber, als das sich die absichtliche Aufsuchung von Zweckmäſsigkeit an einem Gegenstande unzweifelhaft kennzeichnet, rückt die ästhetische Urteilskraft aus ihrer Mittelstellung zwischen Verstand und Vernunft einigermaſsen heraus und nähert sich der theoretischen Vernunft, indem sie zwar nicht Erkenntnis der Objekte verschaffen, aber derselben doch in gewisser Weise dienen will; was aber an der Vorstellung eines Objekts „zur Bestimmung des Gegenstandes (zum Erkenntnisse) dient oder gebraucht werden kann, ist ihre **logische Gültigkeit**."[3])

Dagegen sind die ästhetischen Urteile vollkommen subjektiv und erheben auch gar nicht den Anspruch, in irgend einem Sinne als objektiv zu gelten oder zur Erkenntnis eines Gegenstandes das Geringste beizutragen; sie sind durchaus das, als was sie gelten, und wollen nur als das gelten, was sie sind. Ohne daſs wir vorher einen bestimmten Zweckbegriff aufgestellt hätten, ruft ein Gegenstand dadurch ein Gefühl der Lust in uns wach, daſs wir seine Wirkung auf uns als eine zweckmäſsige empfinden und ihm in Folge dessen Schönheit zuschreiben. Seine Zweckmäſsigkeit beruht

---

[1]) Über Philosophie überhaupt u. s. f.; Werke VI. S. 380 flg.
[2]) Einleitung VIII; Werke. V. S. 199.
[3]) Einleitung VII; ebenda, S. 195.

in diesem Falle allein auf dem subjektiven Eindruck, den er auf unser Gefühl ausübt: die Zweckmäfsigkeit ist nicht mehr unser Ziel, sondern unser Zustand und hat mithin nichts mit der Bestimmung des Gegenstandes selbst zu thun. Demgemäfs kann diese Zweckmäfsigkeit keine materiale, als die sie uns in der Teleologie begegnete, sondern blofs eine formale sein, deren Ursprung lediglich in dem betrachtenden Subjekt zu suchen ist: „Etwas mit Lust anschauen oder sonst erkennen, ist nicht blofse Beziehung der Vorstellung auf das Objekt, sondern eine Empfänglichkeit des Subjekts."[1] Nun sind diejenigen Funktionen, durch deren Zusammenwirken die Vorstellung eines Objekts zu Stande kommt, Einbildungskraft und Verstand, die eine als Vermögen der Anschauungen, die andere als das der Begriffe; wenn sie durch einen Gegenstand unabsichtlich in Übereinstimmung mit einander versetzt werden, so entsteht jenes Gefühl der Lust, durch dessen Beziehung auf die Form des betrachteten Objekts wir zu unseren ästhetischen Urteilen gelangen. So gehen diese Urteile auf das harmonische Spiel zwischen Verstand und Einbildungskraft zurück und verzichten von vornherein auf jeden Versuch, eine Bestimmung hinsichtlich der Beschaffenheit der Gegenstände zu treffen. Darin besteht die scharfe subjektivistische Ausprägung, durch die sich die ästhetischen Urteile auszeichnen: „Was an der Vorstellung eines Objekts blofs subjektiv ist, d. h. ihre Beziehung auf das Subjekt, nicht auf den Gegenstand ausmacht, ist die ästhetische Beschaffenheit derselben."[2]

Erst auf Grund dieser letzten Ergebnisse sieht der Kriticismus sein System als vollendet an; jetzt kann er sich an die Aufgabe begeben, die Kritik der Urteilskraft in das System der reinen Vernunft durch eine „encyklopädische Introduction" einzuordnen.[3] Die ästhetische Zweckmäfsigkeit erscheint in dem Schema, mit dem Kant seine Einleitung beschliefst, als das transscendentale Prinzip, das die Kluft zwischen mechanischer Gesetzmäfsigkeit und moralischem Endzweck ausfüllt; ihm entspricht unter den Gemütskräften das Gefühl der Lust und Unlust. Das Vermögen, diesen Gemütszustand mit der Vorstellung der Objekte zu verknüpfen, ist die ästhetische Urteilskraft, für die Kant im Werke selbst meist den kürzeren Namen „Geschmack" braucht. Ihre

---
[1] Werke. VI, S. 386.
[2] Werke. V. S. 195. Vgl. Fischer, a. a. O.. IV, S. 415 flg.
[4] Werke. VI, S. 400 flg.

Anwendung schliefslich findet die ästhetische Zweckmäfsigkeit auf das Gebiet der Kunst.

Auf dieser breiten systematischen Grundlage, deren unterste Schicht noch der transscendentalen Dialektik entnommen ist, erhebt sich das grofsartige Gebäude der kantischen Ästhetik. Wir können voraussehen, in welche Teile die Kritik der ästhetischen Urteilskraft zerfallen wird. Sie mufs zunächst feststellen, dafs es in der Ästhetik synthetische Urteile a priori giebt, und worin dieselben bestehen: dazu bedarf sie einer Analytik des Schönen. Dieselbe hat im Einzelnen den Beweis zu erbringen, dafs die ästhetischen Urteile, weil blofs auf einem Gefühl beruhend, von allen theoretischen und praktischen Urteilen grundsätzlich verschieden sind, um so den Satz der Einleitung zu bewahrheiten, dafs die mit einer Vorstellung verbundene Lust und Unlust „gar kein Erkenntnisstück werden"[1] könne und gerade hierin die Eigentümlichkeit der ästhetischen Urteile sich offenbare. Es ist klar, dafs durch diese Absonderung der ästhetischen Zweckmäfsigkeit von aller begrifflich gedachten Vollkommenheit der Gegensatz der kantischen Theorie gegen diejenige Baumgarten's und der rationalistischen Schönheitslehre die prinzipiellste Fassung erhalten wird. Aber auch von den sensualistischen Ästhetikern hat sich Kant jetzt dadurch völlig getrennt, dafs er eine Apriorität der ästhetischen Urteile anerkennt; ihnen gegenüber wird er beweisen müssen, dafs unser rein kontemplatives Verhalten zu den Dingen allgemein und notwendig mit dem Gefühl der Lust oder Unlust verbunden ist. Der zweite Teil der kritischen Ästhetik sodann hat die Frage aufzuwerfen, wie ästhetische Urteile möglich sind, und die Ableitung und Begründung derselben in Angriff zu nehmen.

Der Versuch, dem Philosophen in die Einzelheiten der Analytik und Deduktion der ästhetischen Urteile zu folgen, würde die Wiedergabe des ersten Teiles der Kritik der Urteilskraft erfordern. Unsere Darstellung jedoch, für die es sich um die Frage nicht nach der Ausführung, sondern nur nach der Entstehung der kantischen Ästhetik handelte, darf ihre Aufgabe als erledigt ansehen, nachdem sie auf ihrem Wege bei der Einfügung der Ästhetik in das Ganze der kritischen Philosophie angelangt ist.

---

[1] Werke, V. S. 195